Carole Pateman

캐럴 페이트먼 / 황정미

<컴북스이론총서>는
현대를 호흡하는 사상가들을 소개합니다.
단순한 사상의 축약, 해제가 아닙니다.
해당 사상가를 연구해 온 전문가가 직접
사상가의 핵심 키워드 10개를 뽑아 해설하고 비평합니다.
인간과 비인간, 현실과 가상, 문화와 야만의
경계를 넘나드는 모든 사상을 싣겠습니다.
오늘을 살아가는 모든 이의 나침반이 되겠습니다.

컴북스이론총서

캐럴 페이트먼

황정미

대한민국, 서울, 커뮤니케이션북스, 2024

캐럴 페이트먼

지은이 황정미
펴낸이 박영률

초판 1쇄 펴낸날 2024년 12월 2일

커뮤니케이션북스(주)
출판 등록 제313-2007-000166호(2007년 8월 17일)
02880 서울시 성북구 성북로 5-11
전화 (02) 7474 001, 팩스 (02) 736 5047
commbooks@commbooks.com
www.commbooks.com

ISBN 979-11-7307-446-2 04300

책값은 뒤표지에 표시되어 있습니다.

페미니스트 민주주의자 페이트먼

> 캐럴 페이트먼처럼 당대 정치 이론에 대단한 영향을 미친 학자는 많지 않다. 페이트먼은 민주주의, 자유주의와 정치적 의무, 페미니즘과 계약이론 그리고 시민권의 사회적·법적·경제적 전제 조건에 대해 중요한 저작을 썼다. 이 주제 중 하나에만 의미 있는 기여를 해도 매우 운 좋은 연구자라고 할 수 있을 것이다. 페이트먼은 이 모두에 심대한 영향을 미쳤다.(O'Neill, Shanley & Young, 2008: 1)

캐럴 페이트먼(Carole Pateman, 1940~)은 정치 이론의 대가이자 미국, 호주, 유럽 각국 주요 대학의 교수를 역임한, 한마디로 성공한 학자다. 그런데 페이트먼은 자신이 '비정통적' 학문의 길을 걸었다고 한 인터뷰에서 말한다(Thompson et al. 2018: 96). 자신의 이론적 발전을 촉진한 것은 페미니즘의 영향이며, "조직화된 페미니즘 운동의 부흥은 민주주의와 정치적 삶을 바라보는 새롭고도 여러모로 불온한(disquieting) 관점을 제공했다"고 밝혔다(Pateman,

1989: 1).

페이트먼은 서구 정치사상의 고전 즉 홉스, 루소, 로크, 밀 등의 저서를 꼼꼼하게 읽고 재해석하는 작업을 해 왔지만 그 누구의 후계자도 자처하지 않았다. 오히려 근대 민주주의의 출발점이라고 하는 사회계약 이야기의 이면에 숨겨져 있는 원초적 계약, 은폐된 성적 계약(sexual contract)을 페미니스트의 '새롭고도 불온한' 시각으로 드러냈다.

'비정통적' 이론가의 담대한 상상력

페미니즘을 공부하고 여성 문제를 분석하려는 연구자에게 페이트먼의 저서는 이제 필독서가 되었다 해도 과언이 아니다. 하지만 다양한 페미니즘들의 지도 위에서 페이트먼이 어디쯤 위치하는지 이해하기란 의외로 쉽지 않다.

여성의 성과 몸에 대한 남성의 권리를 강하게 비판하는 페이트먼은 이른바 '급진적 페미니스트'처럼 보인다. 스스로 두 번째 물결 페미니즘의 영향을 받아 정치 이론을 새롭게 해석하게 되었다고 말하기도 했다. 그러나 페이트먼은 자신의 이론을 급진적 페미니즘으로 분류하는 데 일관되게 반대했다. 오히려 '자연적'인 몸과 성 그 자체에는 어떠한 정치적 의미도 없다고 보았고, 몸과 성의 차이를 고정된 무엇으로 본질화하는 데에도 비판적이었다. 생물학적 임신과 출산에서 해방되면 성평등이 실현될 것이라는 주장에도, 모성과 돌봄 경험을 여성의 고유한 가치이자 권리로 삼아야 한다는 주장에도 흔쾌히 동의하지 않았다.

페이트먼의 저서는 명쾌한 주장과 이론적 일관성을 보여 주지만, 그의 입장을 뒷받침하는 광범한 지적 배경, 경계를 뛰어넘는 독창적 해석을 맥락적으로 이해하려면 상당한 배경지식이 필요하다. 페이트먼은 17세기 계약이론을 재해석하면서 자신의 핵심 주장을 전개했지만, 여러 논문에서 칸트, 헤겔, 마르크스, 프로이트 그리고 푸코와 롤스에 이르기까지 폭넓은 이론을 다룬다. 참여 민주주의를 분석한 저서에서는 경험적 여론조사 결과와 다양한 사회과학적 자료, 강간과 동의에 대한 논의에서는 언론 보도와 판례 분석도 참조한다.

필자는 대학원생 시절 페이트먼을 처음 읽었을 때 프로이트의 부친 살해 신화에서 '형제적 계약'의 속성을 드러내는 해석, 학문 분과의 경계를 뛰어넘는 대담한 분석에 무릎을 쳤던 기억이 아직도 선명하다. 페이트먼이 제시한 '울스턴크래프트의 딜레마'에는 여성의 시민권이 놓여 있는 모순적이고 양가적인 상황을 제대로 짚어 내는 통찰력이 담겨 있다. 여성과 남성의 동등한 '평등'을 강조하면 여성의 고용과 공적 활동은 확대되겠지만, 임신·출산과 같은 여성의 삶은 개개인의 몫으로 남겨진다. 반대로 모성과 돌봄 같은 여성의 '차이'를 여성의 고유한 권리로 강조하면, 성별로 구분된 시민권의 이중 구조에서 여성은 열등한 위치에 놓일 것이다. 페이트먼은 시민사회와 공사 분리를 이론적으로 검토하면서 '평등과 차이의 딜레마'를 누구보다 먼저 주목했다. 이처럼 폭넓은 이론을 섭렵하면서 독창적 상상력으로 담대한 이론, '큰 그림(big picture)'을 제시하는 것이 페이트먼의 가장 큰 지적 매력이라고 할 수 있다(황정미, 2019).

사회계약의 3차원적 재해석: 성적 계약과 인종 계약

페이트먼의 작업은 고전적 계약이론의 '재해석'에 바탕을 둔다. 재해석, 즉 다시 읽기(re-reading)는 모든 인문학에 공통된 방법이지만, 아무래도 재해석은 원저작의 테두리에서 크게 벗어나기 어렵다. 하지만 페이트먼은 계약이론을 다시 읽음으로써 근대 민주주의의 출발점으로 간주되는 사회계약의 신성한 아우라를 근본적으로 해체한다. 재해석이 이렇게까지 깊숙하고 전복적인 것이 될 수 있었던 이유는 무엇일까.

페이트먼은 한 인터뷰에서 자신의 방법론은 "문제에 근거한다(problem-based)"고 말한 적이 있다. 중요하다고 판단되는 어떤 문제를 중심에 두고, 그 문제를 해결하는 데 도움이 된다고 스스로 판단한 광범한 자료들을 '두려움 없이' 사용하면서 작업을 완성해 나간다는 뜻이다(Pateman, 2013: 93). 이러한 문제 중심의 방법론 덕분에 창세기부터 혼인법의 역사에 이르기까지 폭넓은 문헌을 참조하고, 20세기 프로이트의 이론으로 17세기 계약이론을 재해석할 수 있었을 것이다.

페이트먼은 이처럼 다양하고 광범한 자료들을 활용하되, 연구는 일관된 주제를 따라 전개한다. 페이트먼의 핵심 개념 중 하나는 '계약'이다. 17세기 이후 계약론은 크게 유행했고, 지금도 민주적 공동체의 근거로 사회계약이 자주 언급된다. 17세기 계약이론의 핵심 요소는 두 가지로 요약할 수 있다. 하나는 '자연 상태'이며, 다른 하나는 통치가 '통치하는 자와 통치받는 자 간의 계약'에 의해 이루어진다는 것이다.

17세기 서구의 고전적 가부장주의 이론은 왕의 정치적 권력이 아버지의 자연적 생명력에서 나온다고 주장했다.

자녀들이 아버지의 명령에 따르듯, 왕의 지배는 자연의 일부로 정당화된다. 절대 왕정을 지지하는 이러한 논리를 거부하려면 정치를 부권과 분리해야 했다. 초기 계약이론가들은 '자연 상태'를 논의하고, 자연 상태에서 어떻게 자유롭고 평등한 시민들로 구성된 시민사회가 탄생했는지 서술했다.

하지만 계약이론에는 허점이 많았다. 특히 자연 상태에 대한 논의들은 이후 곧 근거를 상실한다. 인류의 기원에 대한 다양한 사료와 과학적 연구가 나오면서 '자연 상태'에 대한 이야기는 근거 없는 가정에 지나지 않는 것으로 드러났다. 페이트먼은 부권에 근거한 정치를 부인했던 계약이론가 홉스, 루소, 로크가 자연 상태를 어떻게 묘사했는지 상세하게 분석한다. 홉스를 제외한 다른 이론가들은 남성이 주도하는 가족은 자연 상태에 존재했고, 남성은 성적 권리를 자연권으로 가지고 있다고 믿었다. 페이트먼은 이처럼 자연 상태에서 시민사회가 탄생했다는, '기원에 대한 추정된 이야기' 속에서 정치적 근대성의 남성적 서사를 읽어 내려 한다. 페이트먼의 분석에 따르면 사회계약의 이야기에서 아버지의 권위에 근거한 고전적 가부장제는 거부되었지만, 서로 평등한 형제들의 권리를 중심으로 근대적 가부장제가 성립되었다.

페이트먼은 계약의 서사가 20세기와 21세기 사회에서도 여전히 영향력을 미치고 있다고 보았다. 일반적인 자유주의 이론에 따르면 사회는 자율적 개인들 간의 계약에 의해 형성되며, 더 나아가 모든 사회관계는 곧 계약이라고 볼 수 있다. 오늘날에는 신자유주의적 규율 체계에서 개인이 자신의 자발적 선택에 책임을 져야 하며, 부유한 것도 가난한 것도 개인의 탓일 뿐 사회를 원망해서는 안 된다는 '각자도생'의 세계관이 확장 일로에 있다.

이와 다른 방향에서 정의와 공정을 논의할 때도 계약이론은 여전히 작동하고 있다고 페이트먼은 분석한다. 20세기 중반 계약이론은 새로운 영향력을 지니게 되는데, 그 중심축은 롤스의 정의론이었다. 롤스는 '공정(fairness)으로서 정의'를 정식화하고, 자신의 정의론이 공리주의를 비판하는 데에서 출발하며 로크, 루소, 칸트의 사회계약 이론을 좀 더 다듬어 추상화한 것이라고 설명했다(러벳, 2013). 고전적 공리주의가 주장한 '최대 다수의 최대 행복' 원칙에는 소수자·약자를 희생하고 다수자·강자의 욕구를 앞세운다는 약점이 있었다. 롤스는 이를 비판하며 공정으로서의 정의를 위한 절차로 '무지의 베일'을 가정한다. 무지의 베일 아래에서 계약 당사자들은 각자의 특수한 사실, 즉 사회적 지위나 천부적 자산을 모른 채 일반적 사실에 입각해

정의의 원칙을 판단하고 결정할 수 있다.

하지만 롤스가 말한 '무지의 베일'의 배후에서 판단을 내리는 개인은 무성적(無性的)인 추상적 존재이며 철저하게 논리적인 구성물이라고 페이트먼은 비판한다. 페이트먼은 육체에서 분리된, 순수하게 이성적인 개인이란 결국 남성이자 '가장'일 것이라고 지적한다(Pateman, 1988/2001: 73).

동등한 쌍방 간의 계약이라는 아이디어는 평등하고 민주적으로 보인다. 여러 민주주의 이론가들이 계약을 신뢰하고 계약의 형식에 의존한다. 이와 달리 페이트먼은 계약에 비판적이다. 계약은 계약에 참여하는 개인들의 자발성과 평등성을 보장해 주지 않는다. 고용 계약, 결혼 계약, 심지어 성매매 계약, 대리모 계약이 계약 참여자의 평등한 관계를 보장하는가? 페이트먼은 계약이 오히려 계약에 근거한 지배와 종속을 마치 자발적인 것처럼 보이게 하는 '정치적 고안물'이자 정치적 허구라고 말한다.

계약에 대한 페이트먼의 분석은 길고도 복합적인 재해석의 산물이다. 페이트먼은 자신의 지적 작업에서 고전의 재해석이 중요한 방법론이자 근간을 이루며, 초기 근대 계약이론에 대한 '첫 번째' 독해에서 놓친 부분들을 다시 비판적으로 재해석하는 과정에서 페미니스트 정치 이론의 핵심으로 들어가게 되었다고 말한다. ≪여자들의 무질서(The Disorder of Women)≫와 ≪성적 계약(The Sexual Contract)≫은 평등하고 자유롭게 태어난 개인들의 계약으로 이루어진 시민사회에서 여성들은 왜 남성과 구별되고 시민적 예속에 놓이게 되는지 분석한 저서들이다.

또한 페이트먼은 '세 번째' 고전 읽기를 통해 새로운 연구 영역의 실마리를 얻었다. 페이트먼은 초기 계약이론가들의 텍스트에서 백인과 비(非)백인을 구분하고 비백인에 대한 백인의 통치를 정당화하는 주장들을 재조명하고, 원초적 계약에 대한 비판을 3차원적 독해로 확장했다(Pateman, 2013: 95). 이로써 페이트먼은 가부장제와 백인우월주의, 성적 계약과 인종 계약이 서로를 굴절시키며 교차하는 역사적 사례들을 분석하게 된다(Pateman, 2007a; 2007b).

노동자 출신의 국제적 학자

페이트먼은 2차 세계대전이 한창이던 1940년 영국 서식스의 노동자 가정에서 태어났다. 학문과는 무관한 환경 속에서 성장한 페이트먼은 열여섯 살에 학교를 그만두었고, 얼마 후 사무직 노동자로 취직했다.

이후 페이트먼은 러스킨컬리지(Ruskin College)에 진학해 정치학과 경제학을 공부했다. 러스킨컬리지는 노동자들을 위해 설립된 독립 대학이었고, 페이트먼이 살던 옥스퍼드 근처에 있었다. 공부에 흥미를 느낀 페이트먼은 옥스퍼드대학교 대학원에 진학한다. 옥스퍼드대학교에서 입학 허가를 받은 것은 페이트먼과 가족에게 놀라운 일이었고, 일종의 문화 충격이기도 했다. 한 인터뷰에서 페이트먼은 이렇게 회상했다. "(옥스포드에 응시한 것을) 전혀 모르고 있던 엄마는 나의 합격 소식을 듣고 깜짝 놀라면서 매우 자랑스러워하셨다. 하지만 나는 엄청난 문화 충격을 겪었다. 레이디마가릿홀(Lady Margaret Hall. 페이트먼이 입학한 옥스퍼드 대학원의 컬리지 이름)이 그렇게까지 상류 계급의 공간인 줄은 미처 몰랐다."(Thompson et al., 2018: 98)

페이트먼은 가난한 노동자 가정 출신이자 청년기를 노동자로 살았으므로, 일하는 여성들의 힘든 현실에 깊이 공감했을 것이다. 이러한 배경은 엘리트 학자로서 경력을 쌓으면서도 남성 지배와 여성 종속을 정당화하는 고전의 권위에 정면으로 도전하는 페이트먼의 지적 경로에 영향을 미쳤을 것으로 보인다.

페이트먼이 저술한 첫 저서는 ≪참여와 민주주의 이론(Participation and Democratic Theory)≫(Pateman, 1970)

이다. 여기서 페이트먼은 민주주의가 절차적·형식적 측면, 즉 보편적 투표권으로 축소되어 참여의 문제가 충분히 논의되지 않았다고 비판한다. 더 나아가 참여 민주주의를 위해서는 노동자에 대한 민주주의 교육, 일터에서의 민주주의가 필요하다고 주장했다. 민주주의 이론에 대한 관심은 두 번째 저서 ≪정치적 의무의 문제 : 자유주의 이론 비판(The problem of Political Obligation: A Critical Analysis of Liberal Theory)≫(Pateman, 1979)으로 이어진다. 이 두 번째 저서를 쓰면서 페이트먼은 고전적 계약이론, 특히 원초적 계약(original contract)이라는 문제에 천착한다.

페이트먼은 한 인터뷰에서 페미니즘의 주장이 고전 이론, 특히 계약과 동의의 문제와 어떻게 연관되는지 그리고 결혼이나 고용과 같은 실제 계약과 어떤 관계인지 생각하게 되었다고 말했다(Puwar, 2002: 123). 남성 노동자가 주로 다니던 러스킨컬리지, 상류층 여학생들이 주류인 옥스퍼드대학교에서 공부하던 페이트먼은 1970년대 이후 터져 나온 여성운동과 페미니스트 저작을 접하면서 '유레카'를 외쳤다고 회고한다. 페미니즘의 두 번째 물결의 영향 속에서 새롭고 다른 눈으로 고전을 보기 시작한 것이다.

수년간 홉스와 로크와 루소 등을 읽고 있었지만, 갑자기 마

> 치 다른 책을 읽는 것 같았다. 여길 봐! 이들은 모두 결혼과 남성과 여성에 대해 말하고 있었다.… 하지만 존 스튜어트 밀을 공부할 때조차도 그의 ≪여성의 예속≫은 커리큘럼에 들어 있지 않았고, 아무도 읽지 않았다.(Thompson et al., 2018: 99)

페이트먼의 대표작인 ≪성적 계약≫(Pateman, 1988)은 이처럼 페미니즘의 영향 속에서 고전을 재해석하는 작업의 산물이었다. 그간 사회계약은 통치와 정부의 형태에 대한 것으로만 해석되었다. 하지만 페이트먼은 초기 계약이론가들이 가정, 사적 영역, 여성, 성에 대해 어떤 생각을 했는지 다시 읽고 그 속에 내포된 정치적 의미를 드러낸다. ≪여자들의 무질서(The Disorder of Women)≫(1989)는 페이트먼 자신이 1970년대와 1980년대에 걸쳐 썼던 페미니즘 주제의 논문들을 모아 발간한 책이다. 이 두 책은 페미니스트 정치 이론가로서 페이트먼의 주요 주장들을 담고 있는 대표 저서들이다.

학자로서 페이트먼의 경력은 매우 성공적이었다. 영국 출신이지만 호주, 미국, 유럽의 여러 대학에서 경력을 쌓았다. 캘리포니아주립대학(UCLA)의 정치학 교수로 1990년부터 은퇴할 때까지 재직하면서 활발하게 활동했고, 여성

최초로 세계정치학회 회장을 지냈다.

페이트먼은 자신에게 학문적 명성을 안겨 준 ≪성적 계약≫을 쓴 지 20여 년이 지난 후에도 새로운 주제를 적극적으로 논의하는 학문적 열정을 보여 주었다. 2004년에는 사회 정책의 새로운 화두로 등장한 기본소득을 페미니즘의 관점에서 분석하는 논문을 발표했다(Pateman, 2004/2010). 여기에서 페이트먼은 분배와 빈곤 완화의 차원이 아니라 민주화의 관점에서, 특히 여성이 안전하지 않은 관계에서 벗어나 스스로를 통치할 수 있는 자유의 확대라는 차원에서 기본소득의 잠재력을 주목한다.

또한 2007년에는 백인우월주의와 인종 문제를 다루는 새로운 저서를 찰스 밀스(Charles Mills)와 공저해 발표한다(Pateman & Mills, 2007). 서구 민주주의의 고전을 분석한 페이트먼의 시선은 더 넓은 세계로 확장되어 노예제와 인종 차별, 여성운동과 노예해방운동의 관계 그리고 제노사이드와 인종 문제 등을 폭넓게 다룬다. 여기에서도 페이트먼은 계약이라는 자신의 화두를 일관되게 이어 간다. 성적 계약은 인종 계약과 서로를 굴절하는 관계로 얽혀 있으며, 여성성과 남성성, 섹슈얼리티의 관념도 인종에 따라 달리 규정된다고 보았다. 페이트먼이 '교차성'이라는 개념을 사용하지는 않지만, 여기서 성과 인종이 교차하는 여러 사례들을 의미 있게 분석하고 있다. 20세기 초 백인 중산층 여성운동이 여성 노예의 고난과 유색인종의 투표권을 어떻게 인식했는지, 제노사이드와 전시 강간은 아프리카가 아니라 유럽에서 발생했을 때 왜 더 많은 주목을 받게 되었는지를 비판적으로 성찰한다.

페이트먼과 페미니즘의 쟁점들

페미니스트 정치학에 관한 페이트먼의 주요 저서는 1970년대 후반과 1980년대에 걸쳐 발표되었다. 이 시기는 페미니즘의 두 번째 물결이 유럽과 북미에서 큰 사회적 반향을 일으킨 이후 학문으로서 페미니즘 연구가 크게 활성화한 시기기도 하다. 정치 이론가로서 페이트먼이 특정 사조나 이론의 후예를 자처하지 않았듯, 자신이 다양한 페미니즘 중 어느 하나에 귀속된다고 생각하지도 않았던 것 같다. 오히려 페이트먼은 여러 논문에서 페미니즘의 이론적 혼돈이나 불충분한 사유의 한계를 지적한다. 페미니즘 운동을 보면서 '유레카'를 외쳤던 페이트먼이지만, 페미니즘 이론을 비판적으로 성찰하는 논의가 그의 논문에서 큰 비중을 차지한다.

흥미로운 점은 페미니즘의 주요 흐름으로 흔히 분류되는 자유주의 페미니즘, 급진주의 페미니즘 그리고 마르크스주의나 사회주의의 영향을 받은 페미니즘 이론에 대해 페이트먼이 비판적 의견을 개진한다는 것이다. 물론 페이트먼은 페미니즘 이론을 정형화된 몇 가지 흐름으로 대별해 이름을 붙이는 식으로 논의하지 않았다. 따라서 다음의 논의는 필자 나름의 페이트먼 재해석이라고 할 수 있다.

먼저 페이트먼은 자유주의 페미니즘을 논하며 남성의 시민권을 여성에게 그대로 확장하는 방식은 한계가 있다고 일관되게 말했다. 여성이 교육을 받고 취업을 함으로써 남성과 동등한 시민권을 누릴 수 있다는 주장은 현실적으로 일정한 성과를 거두기도 했다. 하지만 '성중립적 시민권'은 여성성과 남성성에 관한 가부장적 개념들을 그대로 수용한다는 점에서 페이트먼의 비판을 피할 수 없었다.

급진주의 페미니즘은 여성의 몸과 성에 대한 남성의 지배를 근본적 문제로 본다는 점에서 페이트먼의 관점과 유사한 점이 있다. 하지만 슐라미스 파이어스톤(Shulamith Firestone)처럼 여성의 임신과 출산 등 생물학적 기능을 인공적으로 대체하는 발상에 대해 페이트먼은 비판적이다. 또한 모성과 돌봄을 '여성다움'의 근본으로 찬미하는 것 또한 가부장적 인식의 산물일 뿐이라고 비판했다. 페이트먼이 보기에 자연과 사회를 분리하고 어느 한 쪽을 통제하는 식의 발상은 초기 계약론이나 자유주의 이론과 크게 다르지 않다. 오히려 사회와 자연을 구분하고 여성을 자연과 연관된 존재로 규정해 사적 영역에 복속시키는 발상 자체를 전복하고, 자연과 사회의 관계 그 자체를 새롭게 사유하는 접근이 필요하다고 보았다.

마르크스주의와 사회주의의 영향을 받은 페미니스트들은 여성의 무급 가사 노동 그리고 노동시장의 성별 분업과 성차별 문제를 주목한다. 페이트먼은 자본주의의 억압을 중요한 문제로 보지만, 결혼을 여성 노동에 대한 계약으로 보거나 자본주의와 가부장제를 이원화된 지배 체계로 보는 논리를 모두 비판했다. 페이트먼의 시각에 따르면 자본주의는 그 자체로 가부장적으로 조직되며, 고용 계약과 결혼 계약은 서로를 강화하며 밀접하게 연관되어 있다. 시민권은 고용 계약과 결혼 계약이 서로 연결되는 지점에서 남성 노동자의 권리로 보호되며, 가족 임금(family wage)이나 성희롱 문제에서 보이듯 여성노동자는 결코 남성과 같은 노동자가 아니다. 19세기와 20세기 노동운동은 임금 인상을 요구하는 근거로 노동자의 급여가 '가족 전체를 부양'하는 수준의 가족 임금이 되어야 한다는 점을 들었다. 이러한 주장에는 기혼 남성이 다른 가족 구성원, 즉 여성이나 청년과 구별되는 특별한 지위를 보장받아야 한다는 인식이 내포되어 있었다.

페미니즘의 다양한 이론들을 비판하는 페이트먼의 논의는 오늘날 다양한 페미니즘들의 시대에 제기되는 여러 쟁점과도 연관되어 있다. 물론 페이트먼 자신도 다양한 관점의 비판을 피할 수 없다. 낸시 프레이저(Nancy Fraser)는 페이트먼의 ≪성적 계약≫을 체계적으로 비판한 바 있다. 페이트먼은 여성의 '예속'이 은폐된 성적 계약에 근거하며, 여성이 남성에 부속된 '아내'로서만 시민사회로 들어올 수 있다는 사실이 모호하게 얼버무려지고 있다고 비판한다. 그런데 프레이저는 여성의 종속을 남편과 아내, 주인과 하인의 양자 관계로 설명하는 것이 적절한지 반문한다. 이때 여성의 성을 소유하고 지배하는 남성 권력은 주인과 하인 모델(master/subject model)로 귀결하며, 양자 관계의 예속을 절대화한다(Fraser, 1999).

프레이저는 여성 차별을 은폐된 계약 때문에 일어나는 것이 아니라, 수전 오킨(Susan Okin)이 말했듯 "결혼에 의해 사회적으로 유발된 비대칭적 취약성의 순환(cycle)"으로 보는 것이 더 현실적이라고 주장한다. 여성은 가정에서 자녀 양육을 책임진다(또는 앞으로 책임질 것이다)는 이유로 노동시장에서 불리한 위치에 놓이며, 시장에서의 경제적 불평등은 다시 가정 내 여성의 권한을 축소한다. 여성은 결혼한 상태에서도 취업 기회가 부족하고 이중 노동을 부담해야 하기 때문에 취약성을 안게 된다. 이혼한 후에 여성의 취약성은 더욱 커지는데, 양육비와 생활비 부담으로 여성과 자녀의 삶의 수준이 급격히 낮아진다. 이처럼 오킨은 노동시장, 교육, 성별 고정관념, 성차별적 제도 등 광범한 사회제도가 상호작용하며 여성의 취약성을 강화한다고 보았다(Okin, 1989: 138).

프레이저는 결혼 계약에 대한 페이트먼의 설명이 지배와 종속의 양자 관계만을 강조하며, 복잡하게 추상화한 사회적 제도의 차원을 분석할 수 없다고 비판한다. 또한 프레이저는 노동 계약, 대리모 계약 그리고 '성매매 계약'에 대한 페이트먼의 논의에도 반론을 제기한다.

페이트먼은 이제 많은 여성들이 경제 활동을 하지만, 여성 노동자는 남성 노동자와 같은 의미의 노동자가 될 수 없다고 말한다. 고용 계약은 결혼 계약과 연결되며, 자본주의는 가부장적으로 작동하기 때문이다. 하지만 프레이저는 자본주의와 가부장제를 하나의 덩어리로 연결한다면 현실에서 나타나는 다양한 트레이드오프(trade-off)의 가능성을 보지 못하게 된다고 비판한다.

성매매와 대리모 계약에 대한 프레이저의 비판은 더욱

흥미롭다. 성매매나 대리모 계약은 일차적으로 시장에서 이루어지는 거래며, 판매자와 구매자 간에는 장기 지속적 관계, 지배 관계와 같은 것이 발생하지 않는다. 물론 프레이저 또한 성 판매 여성들이 위험한 상황에 놓이는 권력 비대칭의 문제는 인정한다. 하지만 성적 서비스를 구매하면 여성의 성을 지배하는 남성 권력이 그만큼 커지는 것일까? 오히려 판매되는 것은 '남성의 섹스 권리'에 대한 남성적 판타지일 뿐이다. 성 구매 남성은 성 판매 여성에게 실질적 명령을 내리는 것이 아니라 '연출된 재현'을 얻을 뿐이다. 여기에는 수행적 모순이 내포되어 있다. 프레이저는 성매매를 통해 정복의 판타지가 실현되는 것처럼 보이지만, 역설적으로 남성의 판타지는 잠식된다고 주장한다.

페이트먼은 한 인터뷰에서 프레이저의 비판이 자신의 논지를 "전적으로 오해"한 것이라고 말했다. 성적 계약은 개별적인 남편/아내의 양자 관계를 말하는 것이 아니며, 결혼·고용·성매매와 같은 제도를 통해 구조화된 권력을 드러내는 것이 자신의 의도였다는 것이다(Puwar, 2002: 127). 여성을 지배할 의도가 없는 '착한' 남편들이 있다 해도, 결혼 계약이라는 제도에 내포된 남성 권리와 여성 억압은 그와 별개의 구조적 문제다.

페이트먼은 여성의 예속이라는 정치적 문제에 집중한다.

반면 프레이저는 예속이라는 과거의 틀을 페이트먼이 계속 견지함으로써 오늘날 여성 억압을 구성하는 다양한 제도, 정치와 경제, 문화와 정체성의 중첩된 구조를 지나치게 단순화한다고 비판한다. 페이트먼의 입장에서 보면, 결혼법과 강간법이 개혁되고 여성의 기회 평등을 위한 제도와 정책들이 도입되었지만 개인이자 시민으로서 여성의 권리를 증진하는 논의들은 결국 남성중심적 범주 안에서 벗어나지 못하고 있다.

페이트먼의 이런 입장은 세 번째 물결 페미니즘에 대한 그의 태도에서도 확인된다. 2010년 한 인터뷰에서 페이트먼은 세 번째 물결 페미니즘이 첫 번째, 두 번째 페미니즘에 비견할 만한 정치적 활동을 뚜렷하게 보여 주지 못하며, 페미니즘이 주장했던 이념들이 매우 희석되어 대중적 정치의식 또는 상업화된 대중 매체의 한 부분으로 흡수되었다고 비판한다(On, 2010).

페이트먼은 산업과 기술의 급격한 발전, 글로벌한 불평등이 교차하는 현실에서도 언제나 민주주의를 중심에 둔다. 페미니즘을 이야기하지 않는 민주주의 이론은 민주주의에 대한 조롱일 뿐이라고 일갈한다. 많은 사람들이 오늘날 민주주의의 위기를 걱정한다. 정보 기술의 발달로 수많은 대화와 이미지가 자유롭게 유통되고 있지만, 이를 활용한 성 착취물로 누군가를 위협하고 노예처럼 종속시키려는 가해자들의 이야기는 섬뜩하기 짝이 없다. 점점 심각해지는 온라인 성 착취 영상물 문제는 무제한적 자유라고 생각했던 것이 어느 날 갑자기 끝나지 않는 노예 상태로 전환되는 사례다. 또한 강한 남성, '스트롱 맨'을 자처하는 정치 지도자들은 전쟁을 일으키고 약자의 희생을 당연시하면서 민주주의를 위협하고 있다. 자유로운 교환과 선택, 계약의 이름으로 가부장적 권리가 새로운 형태로 확장되고 있다는 페이트먼의 경고는 민주주의 위기 시대에 다시 한번 새로운 시선으로 읽어 볼 필요가 있다.

이 책의 구성

이 책은 페이트먼의 폭넓은 논의 중 페미니스트 정치 이론에 초점을 맞춘다. ≪성적 계약≫과 ≪여자들의 무질서≫ 그리고 이후 발표된 저서와 논문들, 인터뷰 자료들을 참조했다. 열 가지 핵심어들이 제시된 순서는 페이트먼이 논문을 저술한 시간적 순서와 일치하지 않는다. 페이트먼을 처음 접하는 독자가 쉽게 다가갈 수 있도록 비교적 단순한 개념에서 출발해 좀 더 복잡하고 구조적인 개념으로 고조되는 구성으로 나름 목차를 잡아 보았다.

1장 "여자들의 무질서"부터 4장 "성의 계약, 원초적 계약"까지는 페이트먼의 핵심 주장을 순차적으로 이해할 수 있도록 하는 구성으로 쓰려 했다. 1장부터 순서대로 읽는 것이 가장 쉬운 독서 방법이겠지만, 페이트먼의 핵심 논의에 바로 들어가고 싶다면 4장을 먼저 읽어도 괜찮을 것이다.

5장부터 10장까지는 서로 연결되면서도 각각 논쟁거리가 있는 주제들이라고 할 수 있다. 특히 6장 "동의", 8장 "글로벌 성-인종 계약", 9장 "기본소득"은 최근 페미니즘 이론과 반성폭력 운동, 사회 정책과 관련해 뜨거운 쟁점으로 부상하는 주제이기 때문에 관심 있는 독자들은 흥미롭게 읽을 수 있을 것이다.

페이트먼의 길고 복합적인 지적 여정은 결국 더 많은 민주주의, 페미니즘을 이야기하는 민주주의에 이르고 있다. 페미니즘은 민주주의에 대한 가장 핵심적인 도전이며, 민주주의는 페미니즘 없이 이야기할 수 없다. 더 많은 독자들이 페이트먼의 민주주의와 페미니즘에 대한 열정에 공감하기를 기대한다.

참고문헌

프랭크 러벳 지음, 김요한 옮김(2013). ≪롤스의 ≪정의론≫ 입문≫. 서광사.

황정미(2019). "캐롤 페이트먼: 계약의 신화에 맞서는 페미니즘의 '빅 픽처(big-picture)". ≪여/성이론≫, 40, 153-171쪽.

Fraser, N.(1999). Beyond the Master/Subject Model: Reflections on Carole Pateman's Sexual Contract. *Social Text, 37*, pp. 173-181.

O'Neill, D. I., Shanley, M. L., & Young, I. M.(eds.)(2008). *Illusion of Consent: Engaging with Carole Pateman*. Pennsylvania State University Press.

Okin, S. M.(1989). *Justice, Gender, and the Family*. Basic Books.

On, S.(2010). Dialogue with Political Theorists: Interview with Carole Pateman. *Contemporary Political Theory, 9*, pp. 239-250.

Pateman, C.(1970). *Participation and Democratic Theory*. Cambridge University Press.

Pateman, C.(1979). *The Problem of Political Obligation: A Critical Analysis of Liberal Theory*. John Wiley & Sons.

Pateman, C.(1988). *The Sexual Contract*. Polity Press.
이충근·유영근 옮김(2001). ≪남과 여, 은폐된 성적 계약≫. 이후.

Pateman, C.(1989). *The Disorder of Women*. Polity Press.
이평화·이성민 옮김(2018). ≪여자들의 무질서≫. 도서출판b.

Pateman, C.(2004). Democratizing Citizenship: Some Advantages of a Basic Income. *Politics & Society, 32*(1), pp. 89-105.
브루스 애커먼 외 지음, 너른복지연구모임 옮김(2010). 시민권의 민주화: 기본소득의 장점. ≪분배의 재구성: 기본소득과 사회적 지분 급여≫, 153-179쪽. 나눔의집.

Pateman, C.(2007a). The Settler Contract. Pateman, C. & Mills, C. W.(2007). *Contract and Domination*. Polity.

Pateman, C.(2007b). Race, Sex, and Indifference. Pateman, C. & Mills, C. W.(2007). *Contract and Domination*. Polity.

Pateman, C.(2010). Why Republicanism?. *Basic Income Studies, 2*(2), pp. 1-6.

Pateman, C.(2013). Questions, Evidence and Political Theory: The 2012 Johan Skytte Prize Lecture. *Scandinavian Political Studies, 36*(1), pp. 91-98.

Pateman, C. & Mills, C. W.(2007). *Contract and Domination*. Polity.

Puwar, N.(2002). Interview with Carole Pateman: The Sexual Contract, Women in Politics, Globalization and Citizenship. *Feminist Review, 70*, pp. 123-133.

Thompson, S., Hayes, L., Newman, D., & Pateman, C.(2018). The Sexual Contract 30 Years: A Conversation with Carole Pateman. *Feminist Legal Studies, 26*, pp. 93-104.

차례

일러두기

- 인명, 작품명, 저서명, 개념어 등은 한글과 함께 괄호 안에 해당 국가의 원어를 병기했습니다.
- 외래어 표기는 현행 어문규정의 외래어표기법을 따랐습니다.

01

여자들의 무질서

페이트먼은 근대 민주주의의 출발점인 초기 계약이론을 페미니스트의 시선에서 면밀하게 재해석한다. 사회계약론을 주창한 루소는 여성이 본성상 시민의 자질을 결여하고 있으며 정치 질서에 영구적이고 전복적인 위협이라고 보았다. 여성이 시민사회의 구성원이라고 하면서도 여전히 여성이 가정에 머물러 있을 것이라는 모순적 주장을 하는 이유는 무엇일까? 자연과 사회의 긴장, 성적 삶과 정치적 삶의 관계는 민주주의 이론에서 공백으로 방치되었다.

여성의 '본질적 전복성'

"한 민족이 지나친 음주로 멸망한 적은 없다. 모든 민족은 여자들의 무질서 때문에 멸망한다." 여성을 술보다 더 해로운 존재로 비하하는 이 표현은 놀랍게도 계몽사상가이자 근대 사회계약론의 아버지인 장자크 루소의 말이다(Pateman, 1989:17). 민족을 멸망시키고 남성을 파멸하게 하는 여자의 악덕, 경국지색(傾國之色), "암탉이 울면 집안이 망한다"는 식의 전통적 미소지니(misogyny)는 수많은 신화와 종교, 문학에서 반복되어 온 소재이기도 하다.

자유롭고 평등하게 태어난 시민들로 이루어진 민주주의 사회를 꿈꾸었던 루소가 여자들의 무질서를 강조한 이유는 무엇일까. 단지 시대의 한계, 봉건적 관념의 잔재로만 치부할 수 없는 중요한 이론적 함의를 페이트먼은 여기에서 찾고 있다. 페이트먼은 루소뿐 아니라 로크, 홉스 등 초기 계약이론가들의 사상을 페미니스트의 시선에서 새롭게 해석한다. 이들은 근대 민주주의의 초석을 놓은 고전 사상가들로 추앙받고 있으나, 정작 시민들을 생산하고 돌보는 가족, 사적 영역, 여성에 대해 어떻게 생각하고 어떤 논의를 했는지는 거의 질문의 대상조차 되지 못했다.

루소에 따르면 여성은 시민으로서 자질을 결여하고 있

으며 정치 질서와 대립되는 영구적이고 전복적인 위협이다. 여성은 아이를 낳아 기르는 가정생활과 '자연적 사회'에만 적합하고, 사랑의 요구와 가족 유대의 요구라는 특수한 관계에 몰입한다. 따라서 여성은 사적 이익보다 공공선을 우선시하는 정의의 가치와 대립하게 된다.

페이트먼은 루소와 유사한 발상을 20세기 정신분석학자 프로이트에게서도 발견한다. 프로이트는 인류 문명의 형성을 설명하면서 '사랑과 문명의 균열'을 피할 수 없는 것으로 본다. 프로이트에 따르면 여성은 가족 구성원들을 더 깊은 애정으로 긴밀하게 묶어 주며 문명의 기초를 쌓았지만, 특수한 관계의 사랑을 대변하기 때문에 점차 문명과 대립한다. 남성은 개별적 사랑에 묶여 있는 여성과 달리 더 일반적이고 추상적인 과업을 떠맡는다. 남성이 다른 남성들과 서로 교류하면서 문명을 만들어 나가는 동안 여자들은 문명의 요구 때문에 자신이 뒷전으로 밀려난 것을 깨닫고, 문명에 적대적인 태도를 취한다(Freud, 1930/2020: 292).

여성의 '특별한 성향'에 대한 설명은 이후 프로이트가 자아와 초자아의 발달을 이론화할 때 더욱 구체화한다. 프로이트에 따르면 남자들은 완전히 발달된 초자아(super ego)를 소유하며, 초자아를 통해 사적 욕망을 넘어서는 법과 정의로 나아갈 수 있다. 남자아이들은 오이디푸스 콤플렉스 즉 아버지를 사랑하는 동시에 증오하는 단계를 거치며, 죄의식과 거세의 위협 속에서 아버지와 자신을 동일시하는 승화의 단계로 도약한다. 남자아이는 초자아를 생성해 문화 공동체 내의 도덕적 개인, '남자/인간(man)'이 된다. 프로이트의 주장에 따르면 여자아이의 발달 과정은 이와 전혀 다르다. 여자아이는 자신과 남자아이를 비교하면서 자신이 이미 '거세되어' 있음을 깨달으며, 오이디푸스 콤플렉스를 결코 극복하지 못할 수도 있다. 그 결과 여성은 초자아를 결여하거나 남성보다 훨씬 더 허약한 초자아를 갖게 된다.

프로이트 정신분석학에 대한 여성학자들의 분석과 논쟁은 매우 다양하지만, 페이트먼이 주목하는 것은 '문명과 사랑'을 대립시키는 가운데 프로이트나 루소가 여성에게 어떤 자질이나 특성을 부여하는 방식이다. 여성은 가족과 사회를 구성하는 인간이지만, 생명을 낳아 기르는 자연적 삶에 속한다. 따라서 사랑하는 사람에 대한 특수한 감정과 구별되는 보편적 가치, 정의를 추구하는 시민사회에 참여할 자질이 부족하다는 결론이 내려진다.

하지만 이런 주장은 '모든 시민은 자유롭고 평등하게 태어났다'는 신념으로 절대왕권에 대항했던 사회계약론의 입장과 본질적으로 모순된다. 17세기 이후 계약이론가들은 여성 또한 자유롭고 평등하게 태어난 인간임을 부인하지 않았다. 이를 부인하는 순간 여성을 인간에서 배제하거나 인간의 등급을 나누게 되며, 계약이론가들이 타파하려했던 신분적 질서로 되돌아가는 자기모순에 빠지기 때문이다. 그럼에도 계약이론가들은 여성이 욕망을 승화할 수 없고, 초자아의 결핍 탓에 정의를 실천할 수 없으며, 본질적으로 시민사회 내의 전복적 존재라는 주장을 되풀이했다.

시민사회 안에 있지만 자연에 속한 존재, 인간의 생식과 사회의 재생산에 반드시 필요하지만 사회를 위협하는 존재라는 여성의 위치는 결국 제대로 설명되지 못한 채 모순과 공백으로 남겨졌다. 페이트먼은 이러한 이론적 모호성, 무관심한 얼버무림이 계약이론의 본질적 한계를 드러낸다고 비판한다.

여성들이 근대 민주주의와 시민사회의 구성원이지만 자연적 본성으로 인해 혹은 자발적 선택에 의해 가정이라는 사적 영역에 머물러 있다는 식의 주장은 18세기 자유주의 사상에서도 빈번하게 나타난다. 하지만 이러한 주장의 납득하기 어려운 모호성, 이론적 공백과 모순들은 주류 민주주의 이론에서 거의 주목받지 못한 채 그대로 방치되었다. 페이트먼의 관심은 해묵은 전근대 가부장제 전통을 비판하는 데 있지 않다. 오히려 '여자들의 무질서'가 오직 근대 세계에서만 일반적인 사회 문제이자 정치 문제로 등장한다는 주장에 페이트먼의 독창성이 있다. 시민 중심의 민주주의 세계에서 유독 여자들의 삶, 가정, 사적 영역이 명쾌하게 설명되지 못하는 모호하고도 모순적인 것으로 남았기 때문이다.

무질서의 의미와 사회적 해결

페이트먼은 무질서(disorder)의 두 가지 의미를 구분한다(Pateman, 1989: 36). 첫째, '시민적 무질서'라는 사회정치적 의미가 있다. 일상적 질서를 깨뜨리는 시끄러운 시위나 폭력적 집회, 폭동 등으로 법과 질서가 허물어지는 것을 가리킨다. 둘째, 무질서라는 말은 개인의 내적 기능장애라는 의미로도 쓰인다. 오늘날 'disorder'라는 용어는 널리 확장되어, 예를 들면 소화 장애, 섭식 장애, 수면 장애 등의 용어에도 사용된다. 루소나 프로이트가 말하는 '여자들의 무질서'는 그들의 자연 본성에서 필연적으로 나타나는 것이며, 질서를 파괴하려는 의도적 행위의 결과가 아니다. 그런 의미에서 여자들은 어떤 정치적 행동을 하든 또는 하지 않든 정치 질서를 파괴하는 '영구적이고 전복적인' 위협으로 여겨진다.

만약 여자들의 무질서가 사회를 파괴할 수 있는 전복적 힘이라면 사회는 이 문제를 어떻게 다루어야 할까. 전통 사회에서는 여성의 얼굴과 몸을 가리게 하거나, 사회 활동을 금지한 채 집에서만 머무르게 강제하는 극단적 통제도 있었다. 근대 자유주의자들은 여성을 노예처럼 통제하는 이러한 관습들을 강하게 비판했다. 초기 자유주의 페미니즘의 주창자인 메리 울스턴크래프트(Mary Wollstonecraft)나 존 스튜어트 밀은 무엇보다도 교육을 통해 자유, 평등, 합리성과 같은 자유주의 원리들을 여성들에게 확장시켜야 한다고 생각했다. 울스턴크래프트는 여성도 남성과 마찬가지로 이성적 존재이며, 남자의 시민적 권리를 여성도 동등하게 누려야 한다고 호소했다. 밀은 여자들이 종속적 삶에 '자연적으로 적합하다'고 볼 수 없으며, 직업 활동이나 공적 생활에 많이 참여할수록 개인의 정의감은 발달한다고 주장했다.

여성의 교육 기회 확대는 자유주의 페미니즘의 오랜 주장이며, 17세기 이후 오늘날에 이르기까지 실제 교육 확대는 여성의 현실을 개선하는 데 큰 기여를 했다. 하지만 페이트먼은 초기 자유주의 페미니즘의 여성교육론이 여자들의 무질서를 피상적으로 다루는 데 그쳤다고 비판한다. 밀과 울스턴크래프트는 적합한 교육을 받음으로써 여성들의 경제적 독립이 확대될 수 있다고 했지만, 결국 양육이 여성의 중요한 책임이므로 가정에 남아 있을 것이라고 보았다. 여성이 더 많은 교육을 받는 것은 바람직한 변화이지만, 정의와 도덕적 자질에서 여성이 남성보다 덜 발달된 상태가 계속되리라 생각한 것이다. 여자들의 무질서라는 문제는 교육에 의해 완화되기는 하겠지만 여전히 미해결 상태로 남게 된다.

이들과 달리 루소는 교육으로 여성의 본성이 교정될 수 있다고 생각하지 않았다. 루소는 국가를 여성들의 영향에서 보호할 수 있는 유일한 방안은 여성과 남성의 활동 영역을 엄격하게 분리하는 것이라고 보았다. 또한 루소는 어머니로서 여성들의 책무를 찬미하며 모유 수유의 도덕적 의미를 강조한 최초의 저자들 중 한 사람이었다. 루소의 시각은 얼핏 봉건적 여성 편견으로 가득해 보인다. 그런데 페이트먼은 루소와 프로이트의 논의에서 가족과 시민사회의 변증법적 관계, 그 안의 적대와 모순에 대한 심오한 통찰을 볼 수 있다고 분석한다.

여성의 양육 활동이 이루어지는 영역인 가정은 생명을 창출한다는 의미에서 사회의 기초인 동시에 자연과 사회의 경계에 놓여 있다. 여성은 자연과 사회를 연결하는 직접적 매개자다. 경계에 위치한다는 이 이중성이 여성의 존재를 가로지른다. 즉 여성은 인간을 재생산하고 다음 세대를 교육하는 질서와 도덕성의 수호자이지만, 자연과 접촉함으로써 '더럽혀지는 것'을 피할 수 없으며 자신들의 자연성을 완전히 초월할 수도 없다. 여성은 질서와 무질서를 모두 표상하며, 질서의 수호자인 동시에 본래부터 전복적인 존재로 여겨진다. '여자들의 무질서'는 결국 자연과 사회 간의, 사랑과 애착으로 형성되는 가족의 세계와 정의로 구축되는 공적 영역 간의 긴장과 갈등을 드러내는 표상이다.

페미니즘과 정치적 문제로서 '무질서'

'여자들의 무질서'라는 오래된 문제에 대한 페미니스트의 대응을 페이트먼은 두 가지 흐름으로 구분한다. 첫째는 여성의 삶에서 아예 자연의 흔적을 지워 버리자는 주장이다. 한 예로 파이어스톤은 ≪성의 변증법(The Dialectic of Sex)≫에서 임신과 출산을 자유롭게 선택할 수 있는 인공적 재생산으로 대체하면 여성이 자연적 제약에서 벗어날 수 있다고 주장한다(Firestone, 1971/2016). 하지만 페이트면은 이런 식의 '해결책'이 자연과 사회의 대립이라는 기존의 자유주의 시각에 머물러 있다고 지적한다.

또 다른 페미니스트들은 모성과 돌봄을 실천하는 여성의 삶에서 남성적 '정의(justice)'와 구별되는 여성들의 돌봄 윤리(care ethic)를, 대안적인 페미니스트 가치를 찾으려 한다. 과거에는 모성 본능이나 여성의 심리적 특성 정도로 치부되어 왔던 돌봄의 경험, 관계 중심의 삶을 사회적 가치로 재평가하려는 논의들이 있다. 이른바 '차이의 페미니즘'이라고 할 수 있는 이러한 논의들에 대해서도 페이트먼은 여자들의 무질서라는 문제를 충분히 통찰하지 못한다는 한계를 지적한다.

페이트먼은 이 두 대응의 이론적 방향이 상반되어 보이지만, 둘 다 개인 중심의 자유주의적 사고와 근본적으로 단절하지 않았다고 비판한다. 여성이 주로 맡아 온 임신·출산·돌봄에 각각 부정적 또는 긍정적 의미를 부여하고 이로부터 상이한 페미니즘적 대안을 끌어내려 하지만, 그러한 활동이 사적 영역으로 분리됨으로써 정치에서 배제되는 전체적 그림을 다루지 않기 때문이다. 따라서 페이트먼은 개인적 삶과 사회적 삶의 관계, 개인적인·특수한 것과 보편적인·정치적인 것 사이의 변증법적 관계를 전면적으로 다루는 페미니스트 이론이 필요하다고 주장한다.

자유주의는 계약과 정의의 가치를 추구하는 시민사회에 관해 많은 주장을 하지만, 시민을 출산하고 기르는 생명과 돌봄의 영역은 말하지 않는다. 여성이 담당해 온 출산과 양육은 사적 영역 안에서도 가장 사적인 것으로 제한되어 정치 밖에 놓인다. 이런 논리를 통해 자연과 사회의 긴장이 은폐된다. 그러므로 페이트먼은 계약이론이나 근대 민주주의 이론에서 공백으로 방치된 문제들, 즉 성적 삶과 정치적 삶의 관계, 사랑과 정의의 관계를 비판적 페미니즘 이론이 전면적으로 다루어야 한다고 주장한다.

여자들의 무질서는 자연과 사회의 경계에서 일어나는 주변적이고 소란스러운 혹은 오염된 사실이 아니라, 근대사회의 중심에 있는 사회적 질문이자 정치적 문제로 제기되어야 한다. 이는 결코 간단하지 않은 기획이지만, 이러한 질문을 제기함으로써 자유주의에 내재한 가부장적 이데올로기를 드러내는 과업은 이미 시작되었다(Pateman, 1989: 29).

참고문헌

Firestone, S.(1971). *The Dialectic of Sex: The Case for Feminist Revolution*. Bantam Books. 김민예숙·유숙열 옮김(2016). ≪성의 변증법≫. 꾸리에북스.

Freud, S.(1930). *Civilization and its Discontents(Das Unbehagen in der Kultur)*. Hogarth Press. 김석희 옮김(2020). ≪문명 속의 불만≫. 열린책들.

Pateman, C.(1989). 'The Disorder of Women': Women, Love, and the Sense of Justice. *The Disorder of Women*, pp. 17-32. Stanford University Press.

02
부친 살해와 정치적 자유

교과서적인 근대 민주주의 역사는 왕권을 옹호하던 가부장주의를 물리치고 계약론자들이 승리한 이야기다. 하지만 페이트먼은 프로이트의 부친 살해 신화를 이론적 지렛대로 삼아 시민사회의 탄생 이야기를 새롭게 읽어 낸다. 사회계약을 맺는다면 정확히 누가, 언제 계약에 참여하고 합의하는가? 시민사회가 만들어질 때 여성들은 어디에 있었는가? 원초적 아버지를 살해하고 자유를 얻은 형제들의 정치적 권리는 바로 여성에게 접근할 성적 권리였다.

가부장주의와 계약론의 '이론적 결투'

페이트먼의 지적 여정은 17세기 초기 계약이론을 비판적으로 재해석하고 수 세기 동안 정치사상가들이 간과했던 질문을 던지는 데서 출발한다. 고전적 계약이론은 근대 민주주의, 특히 자유민주주의 사상의 주춧돌이자 왕의 절대 권력을 아버지의 자연적 권리와 동일시하며 옹호했던 가부장적 정치를 전복하는 근거로 인식되었다. 하지만 페이트먼은 자유롭고 평등하게 태어난 시민들 간의 계약으로 성립되는 근대 민주주의 모델 안에 또 다른 차원의 가부장제(근대 가부장제)가 뿌리내리고 있다는 새로운 이론을 제시한다.

교과서에서 배우는 근대 민주주의의 역사는 전통적 왕권주의자들이 패배하고 계약이론가들이 승리하는 이야기다. 이를 두고 페이트먼은 "홉스를 위시한 고전적 계약론자들과 17세기 가부장주의자들은 아버지의 정치적 권리와 아들의 천부적 자유에 결부된 계약을 둘러싸고 이론상 결투를 벌인 것"이라고 설명한다(페이트먼, 2004: 96).

17세기 당시 영국의 왕권을 옹호하는 가부장주의(Patriarchalism) 이론의 대표적 인물은 로버트 필머(Robert Filmer)였다. 필머는 가족이 왕국과 동일하며, 이 둘은 자녀를 태어나게 할 수 있는 아버지의 자연적 능력에 의해 결합된다고 보았다(페이트먼, 2004: 120). 또 자식이 아버지의 가르침에 따라야 하듯 백성(신민)은 마땅히 왕의 지배에 복종해야 한다고 주장했다. 정치권력은 아버지에게서 나오며, 이에 대한 저항은 자연 질서를 거스르는 것이다. 필머는 사회계약론의 허구성을 지적하며 '갓난아기는 아버지의 권위에 동의한다고 말할 수 없다'고 조롱했다.

로크를 비롯한 계약론자들은 필머의 주장을 격렬하게 반박했다. 반박의 핵심은 부권을 정치권력에서 분리하는 것이었다. 계약론자들은 정치적 지배가 출생에 근거한다는 가부장주의를 거부하고 정치권력은 계약과 협약에 의해서만 만들어진다고 주장했다. 흥미롭게도 당시 사회계약론은 시민사회의 '기원' 즉 자연 상태에서 사회적 질서가 어떻게 탄생했는지에 대해 다양한 이야기들을 만들어냈다. 부권이 아닌 새로운 정치 질서, 아버지에게서 생명을 부여받는 것과 구별되는 다른 기원의 이야기를 모색한 것이다.

계약이나 협약을 맺는 것은 자유로운 개인들이다. 인간은 부모에 의해 태어나지만, 시민들은 스스로 계약하고 협정을 맺음으로써 정치 질서의 주인으로 탄생한다. 계약이론은 이처럼 시민들이 왕의 신하에서 벗어나 정치적 자유의 주체로 거듭나게끔 하는 엄청난 해방적 잠재력을 띠고 있었다. 이런 이유로 필머와 같은 가부장주의자들은 계약론이 사회질서를 파괴할 것이라는 공포에 휩싸였다고 한다. 국가의 모든 관계가 단지 동의와 계약에 의해서 만들어진다고 믿는다면 노동자, 농민, 신민은 더 이상 권위에 복종하지 않을 것이라고 생각했다.

시민사회의 탄생 그리고 자연 상태를 설명하는 방식은 루소, 홉스, 로크 등 논자마다 조금씩 다르다. 페이트먼은 이 논의들에 기원에 대한 '추정된 역사 이야기'라고 이름 붙인다. 오늘날에는 인류의 기원을 추적하고 분석하는 데 고고학 발굴, 탄소 연대 추정, 유전자 분석 등 과학적 방법을 활용한다. 반면 17세기 사상가들이 말한 시민사회의 '기원'은 역사적 증거로 뒷받침될 수 없는 이야기였다. 비유적으로 표현한다면 사회계약 이야기는 근대 민주주의의 '탄생 신화'와도 같다.

페미니스트 정치학자로서 페이트먼은 시민사회의 정치적 탄생 이야기를 기존 논의와는 전혀 다른 시각에서 해석한다. 계약이론가들이 말하는 자연 상태에서 여성은 남성과 마찬가지로 자유로운 개인이 되어 협약을 맺고 정치적 자유를 얻은 것일까? 최초의 계약론자인 홉스에 따르면 자연 상태에는 오직 개인이 있을 뿐이며 각자 욕망을 추구하는 개인들 간의 동맹 관계는 일시적이었다. '만인 대 만인의 투쟁' 상태에서 개인들은 타인의 공격이나 무질서로 인한 피해를 막고자 강력한 법과 질서를 수용하게 된다는 홉스의 절대주의적 이론은 널리 알려져 있다.

이와 달리 로크와 루소는 "가장 오래되고 유일하게 자연스럽게 생겨난 사회는 가정"이라고 보았다. 자연 상태에 이미 가족이 존재했다면, 가족에 소속된 여성은 남성과 동등한 개인이었다고 보기 어려울 것이다. 로크가 생각한 가족의 자연적 근거는 남성이 육체적·정신적으로 더 강하다는 것이었다. 아버지의 정치적 권위를 부정했던 계약론자들이, 강한 남성이 가족을 주도하는 것이 자연의 모습이라고 주장한 것은 모순적이지 않은가. 페이트먼은 여기에서 프로이트의 '부친 살해' 신화를 사회계약론의 재해석과 연결하는 새로운 시각을 본격화한다.

원초적 아버지

부친 살해 신화의 정치 이론적 함의를 찾는 논의들은 이전에도 있었지만, 페이트먼은 그 함의를 근대 민주주의에 대한 페미니스트 비판의 근거로 삼으면서 더욱 적극적인 재해석을 시도한다. 문명의 기원에 대한 프로이트의 이론에 따르면 원시 가족의 우두머리인 '원초적 아버지', 파트리아 포테스타스(patria potestas)는 무리의 모든 여자를 독점하는 폭군적 아버지였다. 프로이트는 찰스 다윈의 진화론과 관련된 논의들을 바탕으로 자신의 가설을 제시한다. "이 우두머리의 아들들의 삶은 고달픈 것이었다. 만일 아버지의 질투심을 유발할 경우, 이들은 죽음을 당하거나 거세를 당하거나 무리에서 내쫓기거나 했다."(프로이트, 2004: 357)

이에 불만을 품은 아들들은 어느 날 공모해 아버지를 '살해'하며, 원초적 아버지가 사라진 후 형제들은 폭정에서 벗어나 정치적 자유를 얻는다. 이제 누구도 원초적 아버지와 같은 독점적 권위를 누릴 수 없으며, 형제들 간의 평등한 권리를 명시하는 '사회계약'을 맺는다(Freud, 1930/2020; Pateman, 1989: 36-37). 프로이트에 따르면 부친 살해 이후 상당한 시일이 흐르면 형제들 사이에 유산을 다투는 골육상쟁이 벌어지고, 형제들은 쓸데없는 소모전에 대한 통찰, 아버지에 대한 죄책감 속에서 새로운 질서를 위해 "사회계약과 같은 것을 탄생시키게 된다"(프로이트, 2004: 359).

형제들은 본능적인 충동을 단념하고, 상호적 의무를 인식하며, 신성한 토템이나 특정 제도를 제정해 최초의 사회

조직을 이룬다. 이제 형제들은 각기 아버지의 자리를 차지하며, 근친상간에 대한 터부와 족외혼이 자리 잡게 된다. 프로이트는 이로써 도덕과 정의가 지배하는 사회가 시작한다고 말한다. 인류학자 클로드 레비스트로스(Claude Lévi-Strauss) 역시 인류가 자연에서 문화로 이행하는 중요한 단계가 바로 '족외혼'이라고 분석했다. 족외혼은 부족들 간 '여자의 교환'으로 이루어지며, 이로써 친족 관계와 사회적 관계가 발생한다.

물론 프로이트의 부친 살해 신화와 레비스트로스가 분석한 여자의 교환과 친족 체계의 발생은 인류 문명의 기원, '사회 그 자체의 기원'에 관한 것으로 볼 수 있다. 하지만 페이트먼은 문명에 관한 이들의 논의가 '시민사회의 기원'과 동일시되는 여러 측면들을 읽어 낸다. 문명이라는 용어 자체가 18세기 말 유럽사의 특정한 단계에서 사용되기 시작했다. 이러한 지적 배경은 '문명'과 '시민사회'가 인간성의 근대적 단계를 의미하는 것으로 서로 밀접하게 연결되어 있음을 시사한다(Pateman, 1989: 41).

페이트먼은 시민사회의 기원 이야기를 부친 살해 신화와 교차시킴으로써 계약이론에 대한 페미니스트 비판의 이론적 지렛대를 만들었다. 페이트먼은 프로이트를 경유해 시민사회의 기원이 바로 형제들의 사회계약이라는 통찰에 이른다. 사회계약은 시민사회가 기원하는, 여자들의 '무질서'에서 시민사회를 분리함으로써 시민사회가 탄생하는 지점이다.

시민사회와 탈신체화된 개인

'부친 살해' 이후 정치적 자유를 획득한 형제들에 관한 프로이트의 이야기는, 자유롭게 태어난 시민들이 스스로 동의한 계약 외에는 어디에도 복종하지 않는다는 계약이론가들의 주장과 수미일관하게 연결된다. 역사가 보여 주듯 가부장적 왕정은 패배했고, 천부적 자유를 지닌 '아들들'의 계약(동의)에 바탕을 둔 민주주의가 승리했다. 그러나 과연 형제들이 만든 사회는 가부장제에서 벗어난 새로운 정치 질서일까?

여기에서 페이트먼은 가부장주의의 패배, 사회계약에 기초한 시민사회의 발전이라는 교과서적이고 표준적인 관점이 가장 중요한 질문을 누락하고 있다고 지적한다. 사회계약을 맺는다면 정확히 '누가' '언제' 그 계약에 참여하고 합의하는가(Pateman, 1989: 40)? 시민사회가 만들어질 때 여성들은 어디에 있었는가?

'누가 언제 계약에 참여하는가'는 계약이론의 허구성을 건드리는 가장 쉽고 단순한 질문이다. '아기가 부모에게 동의한 후 태어날 수 있는가'라는 질문은 계약이론의 허점을 드러낸다. 성인이 되어 시민권을 획득하면 계약에 참여하는 것이라는 보완적 설명도 가능하다. 하지만 시민권의 실질적 내용은 어떤 부모에게서, 어느 나라에서 태어나는가에 즉 귀속적 지위에 크게 좌우된다. 귀속적 지위는 과연 계약론이 약속하는 '자유롭고 평등한 시민' 지위와 어떻게 연결되거나 혹은 단절되는지, 수많은 질문이 이어질 수 있다.

사회계약의 추상적 의미를 이해하는 세련된 자유주의자라면 '개인 또는 시민'이 계약에 참여한다고 말할 것이다. 하지만 이는 절반의 설명에 불과하다고 페이트먼은 지적한다. 그 개인이 과연 누구인지 다시 질문해야 하기 때문이다. 페이트먼은 부친 살해 신화를 통해 계약의 당사자는 시민이자 개인인 동시에 남성(형제)임을 드러낸다. 형제들은 더 이상 원초적 아버지로서 행동하지 않으며 자유롭고 평등한 시민이 되었지만, 그것이 이야기의 전부는 아니다.

페이트먼은 프로이트나 고전적 계약이론가들이 모호하게 남겨 둔 것이 있다고 지적한다. 형제들의 집단적 행동의 동기는 단지 자유, 스스로 통치할 권리를 얻기 위해서

인가? 그들이 자유와 더불어 얻은 것은 (아버지가 독점했던) 여자들에게 접근할 권리다. 페이트먼은 정치적 자유 외에 또 다른 '성적 권리'가 있다는 것을 잊어서는 안 된다고 강조한다.

'아버지의 지배'를 정치적 지배에서 분리하면, 이제 가족은 정치적·공적 영역이 아니라 사적 공간으로 분리된다. 주로 가정에서 생활하는 여자들은 시민사회 참여자인 남자와 분리되며, 형제들이 평등하게 나누어 가진 성적 권리의 대상으로 종속된다. 페이트먼은 바로 이로부터 새로운 근대적 가부장제 질서가 탄생한다고 말한다. 남자들은 자신들의 사적 영역을 통치하며 여자들을 그 세계에 귀속시킨다.

로크를 비롯한 계약이론가들은 남자들이 기혼자이자 가장으로서 시민사회에 참여하는 것을 당연시했다. 이들은 시민사회가 '자연 안에 토대'를 두고 있다고 거듭 주장한다. 하지만 페이트먼은 왜 여자들의 종속을 유지하는 방식으로 자연적 토대가 확립되어야만 하는지 질문한다. 결국 계약의 언어로는 여성에 대한 남성들의 권리와 지배를 설명할 수 없다. "사회계약 이야기는 성적 권리 혹은 혼인권(conjugal right)을 자연적인 것으로 선언함으로써 원초적인 정치적 권리를 은폐한다."(Pateman, 1989: 39)

시민사회의 탄생은 근대 민주주의의 토대를 마련한 위대한 정치적 창조 활동으로 추앙되어 왔다. 사회계약의 주체인 형제들이 인위적 신체(artificial body) 즉 시민사회라는 정치체를 낳았다는 이야기다. 흥미롭게도 고전적 사상가들은 국가나 사회를 하나의 '신체', 정치적 신체(political body)로 묘사했다. 홉스는 '우리가 국가라고 부르는 인위적 인간', 로크는 '유일한 신체(the one Body)'라는 표현으로 국가와 사회를 신체의 일종으로 표현했다. "시민사회의 창출은 남성의 정치적 출산 활동이다. 정치를 창출할 때 남성들에게는 '배우자'가 전혀 필요 없다."(페이트먼, 2004: 119)

하지만 시민 정치체의 '탄생'은 분명히 이성적 행위다. 거기에는 신체적 출산에 해당하는 어떤 것도 없다. "필머의 가부장제에서 자연적 아버지의 신체는 계약이론가들에 의해 은유적으로 죽임당했지만, 그것을 대체하는 '인위적' 신체는 진짜 사람들이 창조한 정치적 공동체가 아니라 정신적 구성물"일 뿐이다. 이들이 탄생시킨 사회적 신체란 인류의 두 신체 중 한 쪽(남성)의 형상만을 따라 만들어진 것이다(Pateman, 1989: 45-46). 다시 말해 남성들의 위대한 '정치적 출산'으로 만들어진 근대 민주주의 탄생에 여성의 자리는 없었다. 여성의 위치는 정치적 자유를 획득한 (남성) 시민들 각자의 사적 영역(가족) 안으로 국한되었다.

여기에서 우리는 '탈신체화된 개인'이라는 중요한 이론적 개념과 만난다. 근대 민주주의는 보편적 인본주의, 모든 인간을 포함하는 민주주의 이상에 바탕을 두고 있다. 개인은 개별적 특수성을 탈각하고 탈신체화함으로써 보편적 인간, 추상적 이성의 주체가 될 수 있다. 그러나 보편적인 것처럼 보이는 개인은 '이성적 남자'에 지나지 않는다. 개인은 자연에 가까이 연결된 여성의 신체와 구분된 것으로서 성립되었다. 보편적 시민, 추상적 개인 개념은 탈신체화를 통해 만들어진 정치적 허구다.

참고문헌

지크문트 프로이트 지음, 이윤기 옮김(2004). "인간 모세와 유일신교". ≪종교의 기원≫, 254-428쪽. 열린책들.

캐럴 페이트먼(2004). "신은 인간에게 배우자를 정해줬다: 홉스, 가부장제, 성교권". 캐럴 페이트먼·메어리 린든 쉐인리 엮음, 이남성·이현애 옮김(2004). ≪페미니즘 정치사상사≫. 이후.

Freud, S.(1930). *Civilization and its Discontents(Das Unbehagen in der Kultur)*. Hogarth Press. 김석희 옮김(2020). ≪문명 속의 불만≫. 열린책들.

Pateman, C.(1989). The Fraternal Social Contract. *The Disorder of Women*, pp. 33-57. Stanford University Press.

Pateman, C.(2013). Questions, Evidence and Political Theory(The 2012 Johan Skytte Prize Lecture). *Scandinavian Political Studies, 36*(1), pp. 91-98.

03
형제애

형제애(박애)는 프랑스혁명의 슬로건으로 널리 알려져 있지만 자유와 평등에 비해 그 의미가 불분명하다. 계약은 이성적 행위로 보이지만, 그 안에는 형제들의 이익을 공유하는 정서적 연대가 숨겨져 있다. 페이트먼은 사회계약이 귀속적인 것이라고 분석한다. 자유주의 안에는 이익을 추구하는 시장 시민과 무력을 사용해 공동체를 방어하는 군인 시민의 대립이 내재한다. 우애와 형제애에 기반을 두는 가부장적 사회계약은 이러한 균열로 위기에 직면한다.

형제애에 대한 무관심?

프랑스혁명을 상징하는 세 가지 색이 자유(파랑), 평등(흰색) 그리고 박애(빨강)를 의미한다는 사실은 널리 알려져 있다. 박애는 프래터너티(fraternity)의 번역어이며, '형제애', '동료애', '우애' 등으로 달리 번역되기도 한다. 그런데 박애는 자유와 평등에 비해 널리 사용되지 않으며, 왜 자유·평등과 함께 혁명의 표어가 되었는지에 대한 설명도 없다(페이트먼, 2001: 123). "계약 이야기에 대한 설명에서 가장 두드러지는 특징은 아마도 자유와 평등이 그토록 많이 논의되는 반면 형제애에 대한 관심은 결여되어 있다는 것이다."(Pateman, 1989: 34-35)

계약이론뿐 아니라 다양한 민주주의 이론에서도 자유와 평등은 기본 가치로 강조된다. 자유권과 평등권은 헌법에도 명시되어 있다. 하지만 박애는 시민권 차원에서 거의 논의되지 않는다. 페이트먼은 이 박애에 대한 무관심, 박애의 모호한 위치 또한 민주주의 안에 숨어 있는 근대 가부장제의 성격을 이해하는 데 중요한 단서임을 포착해 낸다.

일반적으로 '박애'라는 표현은 이성적 판단이나 이익의 계산을 넘어서는 정서적 유대감을 의미한다. 하지만 공동체적 유대의 기본 형태가 다른 무엇보다 '형제간의 우애'

로 이해된다는 데 주목해야 한다. 박애는 곧 형제애에서 발원한 것이다. 페이트먼은 사회계약에 이성적 계약의 요소와 더불어 '귀속적' 영역이 있다고 본다. 계약과 귀속은 상반되는 개념이다. 계약이 합리적이고 이성적인 영역이라면, 귀속은 선택 이전에 이미 주어진 소속집단과 정서적 유대의 영역이기 때문이다. 합리적 이성의 영역에서 성립되는 사회계약에 왜 정서적 유대가 필요한 것일까?

사회계약은 형식과 내용 모두에서 성적으로 귀속적이라는 것이 페이트먼의 대답이다. 사회계약은 (부친 살해 후) 형제들에 의해 그 형식이 만들어졌고, 계약의 내용은 형제들의 성적 권리를 평등하게 확립하는 것이었다. 시민들의 유대는 형제애에 바탕을 두는데, 계약을 유지하며 참여하는 남성들이 이익을 공유하고 있기 때문이다(Pateman, 1989: 43).

이성과 형제애

이성에 기초한 것으로 보이는 사회계약이 본질적으로 귀속적이라는 페이트먼의 설명을 이해하려면 논의를 더욱 폭넓게 확장해야 한다. 페이트먼은 루소, 홉스, 로크 등의 초기 계약이론을 면밀하게 논의하면서 20세기 이후 이어진 자유주의와 현대적 계약이론의 확장도 여러 논문에서 폭넓게 검토한다. 계약에서의 핵심 아이디어가 개인 중심의 신자유주의뿐 아니라 현대 사회의 불평등에 대응해 정의(justice)와 연대를 강조하는 논의들에서도 여전히 등장하기 때문이다.

일반적인 자유주의 세계관에 따르면 개인들은 서로 경쟁하며, 그 경쟁은 공정한 규칙에 의해 규제되어야 한다. 자유로운 개인들은 자의적 지배를 거부한다. 개인들에게 유일하게 강요될 수 있는 것은 법과 규칙의 준수다. 공정의 가치는 공리주의적 전망에서 벗어나지 않으며, 개인들은 자신의 이익 추구를 규제하는 부가적 규칙이나 제도에 거부감을 보인다. 이런 세계에서 사적 이해와 공적 이해가 충돌하면 늘 사적 이익이 우선적으로 고려될 것이다.

17세기에도 그랬지만 21세기에도 (신)자유주의의 세계는 각각의 이익을 추구하는 개인들을 주축으로 삼는다. 그런데 이익을 추구하는 개인들이 질서 유지를 위한 규칙을 지키는 것만으로 사회가 유지될 수 있을까? 공리주의자들이 기대했듯 이른바 '보이지 않는 손'에 맡겨 두면 사회정치적 질서가 지속될 수 있을까?

사회가 유지되려면 법에 대한 복종 외에 다른 요구도 발생하기 마련이다. 예를 들면 외적의 침입이나 자연 재난이 닥치면, 공동체를 지키기 위해 시민의 신체와 생명이 희생될 수도 있다. 역사적으로 공동체에 대한 충성과 헌신은 모범적인 시민의 행동으로 칭송받았다. 형제애는 남성들의 클럽이나 각종 이익 집단에서도 발휘되지만, 가장 완전하게 표현되는 곳은 군대와 전쟁터다. 전 세계의 정치인들이 공통적으로 취하는 의례는 군인들이 묻혀 있는 국립묘지를 참배하며 공동체를 위한 자신의 다짐을 국민들에게 보여 주는 것이다.

자유주의와 대립했던 사회주의 정치 이론에서는 연대, 동료애, 공동체를 강조하고 형제애를 호소했다. 페이트먼은 사회주의 정치 담론에서 형제애가 공동체의 표현으로 늘 중시되었다고 분석한다. 형제애는 사회적 협동과 상부상조를 위한 평등한 사람들의 관계를 상징했다. 공동의 과업을 위해 함께하려 하는 의지, 친절하고 다정하며 윤리적인 사회적 실천은 늘 중시되었다.

여기에서 페이트먼은 사회주의가 형제애를 강조했다는 점에서는 자유주의와 대조적이었지만, 여성을 배제 혹은 주변화했다는 면에서는 자유주의와 다르지 않았다고 지적한다. 여성의 요구는 늘 공동체 전체의 이익보다는 부차적인, 혁명 다음으로 미루어져야 하는 것으로 인식되었다.

페이트먼은 자유주의와 사회주의 모두가 형제애가 표상하는 남성 중심적 정치 이념의 한계에서 벗어나지 못했다고 비판한다.

형제애의 위기와 페미니즘

사회계약 이론의 고전적 텍스트 안에서 부친 살해와 형제애의 명시적·잠재적 중요성을 발견하고 또 강조하는 페이트먼의 분석은 그의 학문적 여정에서 중심 줄기를 이룬다. 사회계약의 핵심에 형제간의 정서적 유대, 남성들 간의 귀속적 연대가 자리 잡고 있다면, 그러한 연대 안으로 여성이 들어가는 것은 본질적으로 제한적일 수밖에 없다. 평등한 시민사회가 기본적으로 형제애적 유대에 근거한 것이라면, 그 형제(남성)들이 성적 권리의 대상으로 삼았던 여성들은 어떻게 평등한 연대 안으로 들어갈 수 있을 것인가.

이로부터 페이트먼은 사회계약론과 자유주의 그리고 그 안에서 사유되는 '개인'과 '시민사회' 개념 그 자체가 '형제적'이고 남성 중심적이라는 매우 근본적인 비판에 이른다. "여기에서 살펴본 시민사회의 의미는 여성 그리고 여성이 상징하는 모든 것을 배제함으로써 구성되었다."(Pateman,

1989: 52)

그런데 자유주의 사회에서도 위기 상황이 닥치면 언제나 예의 형제애, 민족과 충성 담론이 강화된다. 자유주의, 사회주의 그리고 양자를 통합하는 다양한 정치적 시도에서도 '형제애'는 언제나 강조된다. 형제애는 시민사회의 가부장적 특징을 드러내는 요소이지만, 자유주의적 시민사회 내의 균열 또한 암시하기도 한다. 페이트먼은 이성적으로 이익을 추구하는 남성 개인의 모습과, 무력을 사용해 국가 방어에 헌신하는 남성적 열정을 대립시키는 것이 자유주의적 시민사회의 특징이라고 분석한다. 이익을 추구하는 시장 시민과 공동체를 수호하는 군인 시민 간의 대립과 분열은 자유주의적 시민사회 안에 내재한다. 호모 에코노미쿠스(homo economicus)와 호모 키비쿠스(homo civicus), 경제적 시민인 부르주아(bourgeois)와 정치적 시민을 의미하는 시토얀(citoyen)의 분열은 근대 시민사회에 내재하는 불안정성과 위기를 시사한다.

미셸 푸코(Michel Foucault)는 현대 사회가 만들어 낸 규율 장치를 사회 계약에 대립하는 어두운 그림자처럼 묘사했다. 푸코는 군대의 규율, 근대적 감옥과 형벌 체계가 순종적 신체(docile body)를 만들어 내며, 판옵티콘(panopticon) 같은 감시와 규율의 메커니즘이 사회 전체로 확장된다고 보았다(푸코, 2003: 309-324). 그러고서 신체를 길들이는 '군사적 꿈(military dream)'이 원초적 사회계약에 반대되는 것이라고 썼다. 규율에 따라 몸을 길들이는 군사적 꿈은 자연 상태에 있는 것이 아니라 주도면밀하게 만들어진 기계의 톱니바퀴처럼 돌아가며, 원초적 사회계약이 아니라 영구적 강압, 기본적 권리가 아니라 끝없는 훈련의 형식, 일반 의지가 아니라 자동화된 순종으로 보아야 한다(Foucault, 1979: 169; Pateman, 1989: 51에서 재인용).

이에 대해 페이트먼은 근대적 신체 규율들이 이미 신체에서 이성을 그리고 남자들의 이성에서 여자들의 신체를 분리해 놓은 정치 이론에 근거하고 있다고 지적한다(Pateman, 1989: 51). 푸코는 합리화된 현대 사회의 이면에서 기계적 규율이 인간의 몸을 길들이고 유순하게 만든다고 비판했다. 하지만 푸코는 '군사적 꿈'이 곧 남성들의 꿈이며, 원초적 사회계약과 그 이면에 있는 '군사적 꿈' 모두에서 여성이 배제되어 있음을 인식하지 못했다.

형제애와 형제애의 모호성, 형제애와 이성의 균열, 시장 시민과 군인 시민의 균열에 대한 페이트먼의 분석에서 두 가지 흥미로운 쟁점을 발견할 수 있다. 첫째, 자유주의가 표상하는 '보편적 개인'은 인간과 자연의 접점에서 이루어지는 생명 그리고 몸과 신체를 배제하고 추상화하는 개념이자 정치적 허구다. 남성과는 다른 '몸'을 지닌 여성들은 정치공동체 안으로, 형제들의 연대 안으로 온전히 통합될 수 없다. 그렇다면 자유주의적 개인과는 다른, 몸과 신체를 정치적 문제로 다룰 수 있는 새로운 이론적 상상력이 필요하다. 따라서 페이트먼은 남성들과 같은 시민권을 여성들에게도 확대해야 한다고 주장하는 자유주의 페미니즘, 여성을 노동자로 보고 노동 문제에 집중하는 사회주의 페미니즘 모두에 비판적 입장을 취한다.

둘째, 페이트먼은 계약이론과 자유주의가 형상화하는 민주주의의 한계와 모순, 즉 사적 이익을 추구하는 개인과 공동체를 지키고자 헌신하는 시민의 모습 간의 균열이 초래한 민주주의의 문제들을 풀어 나가는 데 페미니스트 정치 이론이 매우 중요한 의미를 지닌다고 본다. "정치 이론과 실천의 가장 심대하고 복합적인 문제는 여성적 개인성과 남성적 개인성으로 양분된 인류의 몸을 어떻게 정치적 삶 속으로 완전히 통합할 수 있을 것인가다." 그런 의미에서 페미니즘은 "무장한 남자들이 시민 개인의 형상을 완전히 지워 버린 가부장적 민주주의의 위기 지점에서 다시 출현한 것인지도 모른다"(Pateman, 1989: 53).

우애적 가부장제의 이상은 쇠퇴하고 있다. 남성 모두가 승자가 되는 형제들의 계약은 시민사회의 남성적 연대를 뒷받침했지만, 현실에서는 시장에서의 경쟁이 점차 격화하고 있다. 페이트먼은 신자유주의와 뉴라이트(신우익)가 세력을 확장하던 1980년대에 형제적 사회계약을 분석하는 글을 썼지만, 오늘날에도 이러한 통찰력은 여전히 유효하다. 규칙을 준수하는 합리적 개인들이 만들어 가는 사회질서에 대한 신뢰가 허약해지고, 서로를 적대시하는 극단적 정치 이념과 테러 행위들이 다반사로 일어나는 21세기 사회는 가부장적 민주주의와 남성의 형제애적 연대에 기초한 사회질서의 한계를 보여 주는 것이 아닐까. 그렇다면 근대 가부장적 민주주의의 한계를 드러내고 민주주의의 이론과 실천을 '상상 가능한 최대한으로' 전환하려는 시도야말로 페이트먼이 생각하는 페미니즘의 의미라고 할 수 있다.

참고문헌

미셸 푸코 지음, 오생근 옮김(2003). ≪감시와 처벌: 감옥의 역사≫. 나남.

캐럴 페이트먼 지음, 이충훈·유영근 옮김(2001). "창세기, 아버지, 그리고 아들의 정치적 자유". ≪성적 계약≫. 이후.

Pateman, C. (1989). The Fraternal Social Contract. *The Disorder of Women*, pp. 33-57. Stanford University Press.

04
성의 계약, 원초적 계약

가장 영향력 있는 근대의 정치적 이야기는 최초의 계약에 대한 웅장한 서사다. 페이트먼은 원초적 계약에서 은폐된 절반, 성적 계약의 이야기를 드러낸다. 여러 계약이론가들은 여성에게 접근할 남성의 성적 권리는 자연적인 것이며 정치적 권리가 아니라고 보았다. 하지만 페이트먼은 아버지가 되기 이전에 여성의 성과 신체에 접근하는 형제들의 권리야말로 정치적 권리의 기원이라고 본다. 성적 계약의 이야기는 '매춘 계약', '대리모 계약'에서 여전히 작동하고 있다.

은폐된 최초의 계약

페이트먼은 시민사회의 기원에 대한 '추정된 이야기'를 이론적으로 해부하고 사회계약이 부친 살해와 형제애에 기초한 것임을 논의했다. 페이트먼의 가장 널리 알려진 저서 ≪성적 계약≫에서는 원초적 계약과 은폐된 성적 계약이라는 개념을 중심으로 더욱 체계화된 페미니스트 정치 이론이 제시된다.

가장 영향력 있는 근대의 정치적 이야기는 사회계약 이야기, 최초의 계약에 대한 웅장한 서사다. 자유롭고 평등하게 태어난 개인들은 왕이나 아버지의 '자연적 권위'에 더 이상 복종하지 않으며, 스스로 동의하고 '계약'을 맺음으로써 새로운 시민사회의 정치 세계를 창조했다는 이야기다. 사회계약의 서사는 오늘날까지도 민주주의를 보편적으로 지지하는 근거로 수용되고 있다. 시민사회의 정치 질서는 가부장제와 상반되는 것처럼 보인다.

하지만 페이트먼은 근대 민주주의의 탄생 설화와도 같은 이 최초의 계약 이야기가 사실 절반의 이야기일 뿐이며 다른 절반을 은폐하고 있다고 말한다. "최초의 계약은 '성적인 사회계약'이지만, 성적 계약에 관한 이야기는 억압되어 왔다. 사회계약론은 성적 계약을 빼놓은 채 이야기하며,

현대의 계약론자들 역시 절반을 빼놓고 있기는 마찬가지다."(페이트먼, 2001: 16)

은폐된 절반은 성적 계약, 즉 형제들이 여성에게 성적으로 접근할 권리의 향유다. 페이트먼은 잊히고 억압되어 온 반쪽의 이야기를 드러내기 위해 부친 살해 신화와 형제애적 유대를 사회계약의 이야기와 연결한다. "원초적 계약은 아버지가 정치적으로 패배한 이후에 성립되어 근대적인 형제적 가부장제를 만든다."(페이트먼, 2001: 19)

주지하다시피 사회계약은 자유에 관한 이야기다. 하지만 성적 계약은 예속의 이야기다. 그러므로 원초적 계약은 자유와 지배의 양날을 가진 서사다. 그럼에도 오늘날에 이르기까지 계약 이야기에서 예속의 부분은 은폐되었다고 페이트먼은 지적한다.

이에 대해 21세기 독자들은 의문을 품을 수 있다. 근대 민주주의, 자유민주주의 사회에서는 여성과 남성 모두 시민사회에 참여하고 여성도 계약의 주체가 되지 않았는가? 페미니즘 운동이 요구해 온 결혼법 개혁, 강간법 개혁으로 과거보다 평등한 사회계약이 가능해진 것 아닌가?

물론 페이트먼은 민주주의의 확장과 여성운동의 주장을 적극적으로 지지하지만, 계약에 참여하는 개인으로서 여성이 자유와 평등을 누릴 것이라는 기대에는 동의하지 않는다. 계약은 마치 누구나 참여할 수 있는 평평한 운동장처럼 묘사되지만, 그 안에는 은폐된 예속의 이야기가 함께 들어 있다. 이를 논증하는 페이트먼의 논의는 세 가지 논점을 중심으로 이해할 수 있다.

첫 번째 논점은 공사 분리다. 근대에 이르러 사적 영역과 구분되는 공적 영역이 어떻게 발생했는지는 수많은 사회 이론과 정치 이론의 주제였다. 공적 영역과 사적 영역을 구분하는 기준, 시민사회의 개념적 의미도 논자마다 달리 설명했다. 페이트먼은 이처럼 다의적이고 복합적인 공사 분리를 페미니스트 시각에서 이론화하는 중요한 준거점을 제시했다.

페이트먼이 계약이론을 비판적으로 검토하면서 주목한 점은 시민사회 또는 '시민적'이라는 용어의 모호성이다. 시민사회는 사적 영역과 공적 영역이 분리되면서 탄생했고, 시민들이 자유로운 정치 질서를 만들어 가는 공적 영역을 의미하게 되었다. 그런데 기존 이론가들의 관심은 공적 영역에만 치우쳐 있었고, 두 영역이 어떻게 같이 존재하게 되었는지, 두 영역의 상호 관계는 어떠한지에 대해서는 좀처럼 질문이 제기되지 않았다(페이트먼, 2001: 28).

페이트먼은 공적 영역에 대한 수많은 논의와 대조적으로 사적 영역의 기원이 신비화된 무엇으로 남겨졌다고 지적한다. 계약이론은 여성이 자유롭고 평등하게 태어난 시민이라고 보지만 여성이 남성과 달리 사적 영역, 그중에서도 가장 사적인 가정에 속한다고 본다. 여성은 시민이되 '가족에 소속된' 시민이며, 시민인 동시에 시민이 아니다.

여성과 달리 남성은 사적 영역과 공적 영역을 자유롭게 들락거리며, 남성이 사적 영역에서 누리는 성적 권리는 공적 영역에서 '시민적 권리'의 근거로 인식된다. 은폐된 성적 계약에 근거한 남성의 성적 권리와 이를 뒷받침하는 법은 두 영역에서 모두 작동한다(페이트먼, 2001: 30). 형제적 계약으로 남성들이 누리게 된 여성의 성에 대한 권리는 가장(家長) 또는 보호자의 지위로 제도화되며, 남성들이 공적 영역에서 자격 있는 시민으로 활동하는 근거가 된다.

페이트먼은 시민사회와 사적 영역의 관계에 대한 계약이론가들의 이론적 누락 혹은 얼버무림을 중요한 단서로 생각한다. 주류 이론들은 은폐된 성적 계약을 주목하지 않았지만, 페이트먼은 이를 드러내고 이론화함으로써 성적 차이가 곧 정치적 차이로 구성되어 시민사회에서 중요하게 작동하고 있음을 보여 준다. '시민적' 권리는 사회계약뿐 아니라 성적 계약과도 연관되어 있으며, 공적 영역과 사적 영역 양쪽과 연관되어 있다. 가부장적 권리는 시민사회를 통해 확대되며, 시민적 자유는 가부장적 권리에 의존한다(페이트먼, 2001: 19).

페이트먼은 최초의 계약에 의해 결혼에 관한 시민법, 즉 혼인권(성교권, conjugal right)을 뒷받침하는 시민법이 만들어졌다고 본다. 결혼은 아내의 성에 언제든지 접근할 남편의 권리, 즉 남편이 아내를 성적으로 소유하는 형태로 제도화되었다. 근대 민주주의의 성립 이후에도 이 권리는 오랫동안 유지되었다. 아내의 인격과 몸이 남편 소유가 아님을 명시하고, 남편의 폭력과 부부 강간을 처벌할 수 있도록 한 법적 개혁은 20세기 후반에 들어서야 본격적으로 진행되기 시작한다.

남성의 성적 권리

두 번째 논점은 남성의 성적 권리가 자연적인 것인가 아니면 정치적 권리인가다. 고전적 가부장주의자인 필머는 자녀에게 생명을 부여하는 아버지의 생식 능력이 가부장제의 기초이자 왕권의 자연적 근거라고 보았다. 로크를 비롯한 계약이론가들은 필머의 가부장주의를 격렬하게 비판하며 아버지의 자연적 능력이 정치권력과는 무관하다고 주장했다.

이처럼 계약이론가들은 자유롭고 평등하게 태어난 시민들을 억압하는 모든 형태의 권력을 엄밀하게 분석하고 검토했지만, 유독 남성의 성적 권리는 정치적인 것으로 보지 않았다. 결혼이라는 제도는 처음부터 존재했으며 성교 관계는 비정치적 관계로서 시민사회에 이전된다고 가정했다. 하지만 결혼이나 가족 관계 안에 권력의 차이, 지배와 예속이 내재한다면 그것 또한 자연발생적이라고 할 수 있을까?

페이트먼은 가족에 대한 홉스의 색다른 설명에서 흥미로운 실마리를 찾아낸다. 홉스는 개인주의 논리를 극단적으로 일관되게 관철했으며 아내와 남편, 심지어 아동과 부모의 관계도 계약으로 맺어진 관계 즉 보호받기 위해 동의한 관계라고 생각했다. 홉스에 따르면 갓난아기는 그냥 어머니 품에 안겨 있는 것이 아니라 버려지지 않으려고 어머니 권력에 복종한 것이다(페이트먼, 2001: 128).

다른 계약이론가들과 달리 홉스는 자연 상태에는 결혼도 없고 결혼법도 없으며, 가족이 아닌 개인들만 존재한다고 생각했다. 자연 상태에서 성교가 이루어지고 아이가 태어나면 아버지를 특정하기 어렵다. 따라서 "아이를 낳는 모든 여성은 어머니이자 군주"라고 홉스는 말했다. 최초의 정치적 권리는 모권이라고 할 수 있다.

홉스에 따르면 가족은 자연발생적인 것이 아니며 인위적으로 등장한다. 홉스는 가족이 주인과 그의 하인들로 구성된다고 정의했다. 즉 가족을 지배하는 것은 아버지로서 남성이 아니라 주인으로서 남성이다. 홉스는 또한 성교권(conjugal right)이 자연적이지 않다고 분명하게 말했다. 성교권은 최초의 계약을 통해 만들어지며, 따라서 정치적 권리다(페이트먼, 2004: 116).

홉스는 만인 대 만인의 투쟁 상태에서 생존과 질서를 보장하기 위해 절대권력(리바이어던)이 등장한다고 주장한 절대주의자이며, 그의 이론은 페미니스트의 관심을 끌지 못했다. 하지만 페이트먼은 홉스를 재해석함으로써 가부장제에서 남성의 권리가 어떻게 구성되는지 다시 질문하려 한다. 로크의 계약이론이 아버지의 권리에 근거한 가부장주의를 부인했다면, 홉스는 부권(父權)을 부인하는 새로운 가부장주의의 가능성을 보여 준다(페이트먼, 2004: 103). 페이트먼은 아버지로서 남성의 권리가 아니라 여성의 성과 신체에 접근하는 남성(혼인권을 평등하게 보장받은 형제들)의 권리가 정치적 권리의 기원이라고 말한다. 아버지가 되려면 남성은 먼저 어머니가 될 여성의 남편이 되어야 한다.

성적 계약의 이야기는 성적 관계와 성적 존재로 구현된

여성에 관한 이야기다. 남성이 여성의 신체에 성적으로 접근할 권리, 여성의 신체를 사용할 권리를 주장하는 메커니즘을 이해하는 데 성적 계약의 이야기는 중요한 틀을 제시해 준다. 더 나아가 성적 권리는 사적 영역에만 국한되지 않는다. 남성의 성적 권리가 공적 영역에서 표출되는 가장 극적인 예는 여성의 몸과 성을 시장에서 상품으로 판매하라고 요구하는 것이다(페이트먼, 2001: 36).

페이트먼은 '매춘'이 인간 사회 어디에나 나타나는 보편적 현상이라는 주장을 정면으로 반박한다. 고대 사원의 '매춘', 군대의 매음굴 등 역사적으로 존재했던 성매매는 각기 다른 형태를 띠며 "매춘부와 매춘에는 어떤 보편적인 것도 존재하지 않는다"(페이트먼, 2001: 272). 현대적 의미의 '매춘'은 19세기 말과 20세기 초 미국과 영국 등에서 독특하게 발달해 산업으로 자리 잡았다.

오늘날 국제적인 섹스 산업으로 광범하게 펴져 있는 성매매는 여성의 신체에 접근할 남성의 성적 권리를 지속적으로 일깨워 준다. 페이트먼은 무엇보다 돈을 주고 성을 사는 행위가 '계약'으로 인식된다는 점을 주목한다. 성 구매자들은 성적 서비스를 이용하고 비용을 지불함으로써, 여성의 신체 사용을 계약함으로써 자신의 남성다움을 보여줄 수 있다. 성을 판매하는 여성은 일정한 서비스를 제공하고 대가를 받음으로서 마찬가지로 계약에 참여하는 것일까?

페이트먼은 성매매 계약이 노동 계약이 아니라고 본다. 성매매를 노동자에 대한 착취의 특정한 형태로 보는 마르크스주의의 주장에 페이트먼은 분명하게 반대한다. 마르크스주의의 착취 개념은 노동자가 계약을 맺고 임금 노동을 하지만 언제나 자신이 생산한 것보다 더 적게 돌려받는다는 자본주의적 생산 관계의 본질을 가리킨다. 그런데 '매춘 계약'은 고용주가 아니라 남성 소비자와 체결되는 것이며, 남성 소비자의 유일한 이해관계는 여성의 신체를 사용함으로써 자신의 남성성을 확인하는 것이다. 페이트먼은 '매춘 계약'이 유지되는 동안 남성 소비자는 그 여성의 인격과 신체에 대한 지배를 획득하는 것이며, 여기에 경제적 착취로만 설명할 수 없는 예속의 관계가 개입한다고 주장한다. 즉 '매춘 계약'은 원초적 성적 계약의 또 다른 예다.

페이트먼은 재생산 기술이 발달하면서 전 지구적 현상으로 나타나고 있는 대리모 문제에서도 계약이라는 틀이 작용한다고 본다. 대리모 계약은 아기를 판매하는 것이 아니라 여성의 신체(자궁) 사용에 관한 계약이다. 일정 기간 자궁을 사용하는 서비스를 제공하고 대가를 받는 것이 여성의 입장에서 계약일 수 있을까? 대리모 계약은 남성이 여성의 신체에 직접 성적으로 접촉하지 않고 의료 기술을 이용한다는 점에서 '매춘 계약'과는 다르다.

대리모 현상에는 다층적 논쟁의 지점들이 있지만, 페이트먼은 여성의 신체를 새롭게 사용함으로써 가부장적 권리가 확장된다는 데에 초점을 맞춘다. 대리모 여성은 자신의 몸에서 가장 창조적인 능력, 태아를 키우고 정서적으로 교감하는 자아와 모성을 경험하지만, 출생 후 아이와 분리됨으로써 단절을 겪는다. 대리모의 출현으로 여성과 자신의 신체 및 재생산 능력 간의 고유한 관계는 일소된다. 이와 달리 남성의 몸에서 분리된 정자는 때로는 지구의 반대편에 있는 다른 여성의 자궁을 마치 '텅 빈 그릇'처럼 사용해 새로운 창조성을 발휘할 수 있게 된다. 어머니다움은 여성다움과 분리되며, 그러한 분리를 통해 가부장적 권리는 새로운 형태로 확장된다(페이트먼, 2001: 300).

정치적 허구로서 계약

낸시 프레이저는 성적 계약이라는 틀에서 성매매와 남성의 성적 권리 강화를 분석한 페이트먼의 논의에 비판적 입장을 취한다. 페미니스트 석학으로 꼽히는 프레이저는 성매매 여성이 성폭력 위험에 늘 노출되며, 성 구매자의 대다수가 남성이라는 권력의 비대칭 문제와 관련해서는 페이트먼에 동의한다. 하지만 성적 서비스를 구매함으로서 남성의 성적 권리와 지배가 강화되는지에 대해서는 의문을 제기한다.

프레이저가 보기에 이때 판매되는 것은 남성의 성적 권리에 대한 남성적 판타지일 뿐이다. 남성 구매자는 여성에게 명령을 내릴 권리를 획득하는 것이 아니라, 그러한 명령의 '연출된 재현'을 얻을 뿐이다. 후기 현대 사회에서 여성성과 남성성, 섹슈얼리티와 성적 판타지는 다양하고 복잡한 형태로 표현되며 때로는 문화적 경합, 트레이드오프(trade-off)가 일어나기도 한다. "페이트먼의 접근은 남성성과 여성성, 성적 지배와 종속을 둘러싼 내적 복합성을 분석하기에는 지나치게 절대주의적이며 동어반복에 빠질 수 있다."(Fraser, 1999: 178-179).

페이트먼이 성과 권력, 섹슈얼리티와 문화 정치의 복합적 관계들을 구체적으로 분석하지 않는다는 점에서 프레이저의 비판은 설득력이 있다. 하지만 페이트먼의 관심은 무엇보다도 여성이 자신의 몸과 성 그리고 그것의 사용을 '계약'의 형태로 교환할 수 있는지, 그 계약이 정치적으로 어떤 의미를 갖는지 지속적으로 질문하는 데 있다. 이 질문은 세 번째 논점, 계약이 여성의 권리를 보장할 수 있는지의 문제로 이어진다.

사회계약은 전통적 예속에 저항하고 시민들의 보편적 자유를 보장하는 근대 자유주의의 기본 원리처럼 수용되어 왔다. 이 아이디어를 계승하며 확장해 온 현대의 계약론자들은 사회적 삶과 관계들이 쉴 새 없이 이루어지는 계약들의 연쇄라고 생각한다. 더 나아가 계약은 사업적·법률적 개념에만 그치지 않으며 모든 사회적 삶의 기초로 의미가 확장된다. 이를 페이트먼은 계약중심주의 또는 '계약주의(contractarianism)'라고 지칭한다. 자신이 스스로 동의·합의했다면 그 결과를 받아들여야 한다는 계약의 아이디어는 20세기 후반부터 크게 확장된 신자유주의적 개인주의 사고와도 일맥상통한다.

과연 계약과 계약의 연쇄로 이루어진 사회는 자유롭고 합리적일까? 여성도 개인이 되어 계약의 세계로 들어가면 평등과 자유를 누리게 될까? 페이트먼은 분명하게 아니라고 말한다. 계약은 기본적으로 개인 간의 교환이다. 계약주의 원리를 끝까지 확대한다면, 당사자가 동의하는 한 무엇을 교환하는지에 어떤 제약도 있을 수 없다. 극단적 자유주의라고 할 수 있는 자유지상주의(libertarianism)를 주장한 로버트 노직(Robert Nozick)에 따르면 지배와 보호를 교환한다면, 즉 복종하고 예속되기로 계약한다면, 계약을 통해 노예도 될 수 있다. 하지만 계약이라는 형식이 계약 참여자를 자유롭게 만들거나 계약 자체를 정당화할 수는 없다. 페이트먼은 오히려 계약에 의한 복종, 계약에 의한 근대적 지배-종속 관계가 만들어진다고 말한다. "계약론자들은 예속을 없애려 하기는커녕 근대적인 시민 복종을 정당화했다."(페이트먼, 2001: 69)

계약주의의 밑바탕에는 소유자로서 개인이라는 개념이 있다. 페이트먼은 로크의 '인신(人身)상 재산(property in person)' 개념, 즉 "모든 인간은 그 자신의 인신에 대한 권리를 가진다"는 명제에서 계약주의와 소유적 개인주의의 연결고리를 찾는다(페이트먼, 2001: 31). 로크에 따르면 각 개인은 누구나 자신의 인신(person)에 대한, 따라서 자신의 노동 및 자신의 노동이 분리불가능하게 섞인 물건들에 대한 소유권을 가지기 때문에 재산권을 갖는다. 로크는 공동체의 승인과 보장에 의해 만들어진 것이 아니라 공동체 이전에 존재하는 자연적이고 고유한 재산권을 주장함으로써 당시 영국 휘그당의 유산계급을 만족시켰다(바커, 1995: 27).

페이트먼에 따르면 개인이 자신의 신체와 인격을 재산으로 소유하고 있다는 발상은 역설적이게도 계급과 가부장적 지배에 대항하는 투쟁의 중심에 있었다. 마르크스는 노동자가 자기 자신이나 노동 그 자체가 아니라 '노동력'을 제공하는 대가로 임금을 받는다고 설명했다. 임금 노동자는 이런 의미에서 예속된 노예나 신분적 농노와 다르다. 페이트먼은 노동력 개념이 로크가 말한 인신상 소유권에 기초하고 있으며, 마르크스는 이를 유산계급의 지배 질서를 거부하기 위해 사용한 셈이라고 분석한다. 마찬가지로 여성들이 인신상 재산권을 가지고 있다는 발상은 결혼법을 개혁하고 '낙태'의 권리를 요구하는 데 이르기까지 과거와 현재의 여러 페미니스트 운동을 고무했다(페이트먼, 2001: 32).

페이트먼은 페미니즘이 여성들의 '인신상 재산', 다시 말해 자신의 몸과 성에 대한 권리를 개인의 소유권 혹은 재산권의 형태로 인정받으려는 시도에 비판적이다. 소유자로서 '개인'은 근대적 가부장제를 지탱하는 버팀목이기 때문이다. '개인' 개념을 수용하는 것이 정치적으로 필요할지라도, 그 의미를 망각한다면 페미니스트들은 집합적 의미에서 여성이 가부장적으로 구성되는 것을 묵인하는 셈이 된다. 페미니즘은 여성으로 하여금 남성의 미약한 반영으로서가 아니라 여성으로서 시민적 자유를 요구하게 해야 하며, 가부장적으로 구성된 남성 소유자로서 개인 개념을 명백히 거부해야 한다(페이트먼, 2001: 32-33). 페이트먼의 계약주의 비판은 양도 가능하고 교환 가능한 '인신 재산' 개념이 위험한 정치적 허구라는 결론에 이른다(O'Neill et al., 2008: 5; 페이트먼, 2001: 214).

참고문헌

어네스트 바커 외 지음, 강정인·문지영 편역(1995). ≪로크의 이해≫. 문학과지성사.

캐럴 페이트먼 지음, 이충훈·유영근 옮김(2001). ≪성적 계약≫. 이후.

캐럴 페이트먼(2004). "신은 인간에게 배우자를 정해줬다: 홉스, 가부장제, 성교권". 캐럴 페이트먼·메어리 린든 쉐인리 엮음, 이남성·이현애 옮김(2004). ≪페미니즘 정치사상사≫. 이후.

Fraser, N.(1999). Beyond the Master/Subject Model: Reflectiions on Carole Pateman's Sexual Contract. *Social Text, 37*, pp. 173-181.

O'Neill, D. I., Shanley, M. L., & Young I. M.(eds.)(2008). *Illusion of Consent: Engaging with Carole Pateman*. Pennsylvania State University Press.

05
결혼 계약

결혼은 계약인가? 페이트먼은 결혼이 계약처럼 보이면서도 그 밖의 계약과 다른 점을 상세히 분석한다. 19세기 페미니스트들은 여성을 남편에게 종속시키는 결혼법의 개정을 요구했고, 그 결과 결혼은 계약의 형태에 더욱 가까워졌다. 하지만 페이트먼은 계약은 신분과 반대되는 것인 동시에 가부장제를 떠받치는 버팀목이라고 지적한다. 계약과 개인이라는 개념 자체가 근대적인 가부장적 권리를 전제하기 때문이다. 고용 계약과 결혼 계약은 현대 사회를 구성하는 가장 중요한 두 가지 계약이며, 서로 연결되어 공고화되는 관계에 있다.

'결혼은 계약인가'

결혼은 동등한 두 사람의 약속이라는 것이 오늘날의 상식이다. 법률적으로 결혼은 개인 간의 사적 계약이다. 결혼식에서 서로 아내와 남편이 되기로 동의하는지 묻고 이에 "예"라고 대답하는 절차는 결혼의 계약적 성격을 상징한다. 하지만 페이트먼은 결혼을 계약으로만 보는 데는 여러 문제들이 있다고 말한다. 여러 페미니스트들이 일반적인 경제적 계약과 결혼 계약은 다르다고 주장했지만, 왜 결혼 계약이 특별하게 다루어져야 하는지는 분명하게 이야기하지 못했다(페이트먼, 2001: 221).

페미니스트들은 오랫동안 결혼 제도 그 자체를 비판해 왔다. 결혼 관계에 들어가면 아내와 남편의 관습적 역할을 그대로 따르는 것이 당연시된다. 여러 결혼 계약 중에서 한 가지를 선택할 여지는 없으며, 단지 한 가지 결혼 계약이 있을 뿐이다(페이트먼, 2001: 233). 페미니스트들은 계약 당사자들이 스스로 계약 조건을 만들 수 없다는 것이 바로 결혼 계약의 문제라고 주장했다.

반면 일부 페미니스트들은 '계약'이라는 말이 동등한 쌍방 간의 합의를 연상시키기 때문에 계약적 결혼이 결혼 관계를 변화시킬 것이라는 기대를 내비치기도 했다. 19세기 미국 페미니스트 엘리자베스 캐디 스탠턴(Elizabeth Cady Stanton)은 1860년에 이렇게 말했다. "이제까지 한 번도 시도되지 않은 종류의 결혼이 있다. 그것은 동등한 쌍방이 동등한 계약에 따라 동등한 결혼 생활을 유지하는 것이다." (페이트먼, 2001: 220)

페이트먼은 이 복잡한 문제를 분석하기 위해 영국에서 결혼 계약이 논의된 역사적 흐름과 관련 쟁점을 살펴본다. 19세기 영국의 법률상 결혼한 여성은 남편의 보호 아래 있는 '피보호자, 피부양자'(coverture)일 뿐이었다. 결혼한 여성은 독립적인 법적 지위를 누리지 못했으며, 남편이 아내와 계약한다는 것은 결국 자기 자신과 협약을 맺는 셈이었다. 만일 결혼 후 부부간에 어떤 계약이 이루어졌다면, 그 계약은 법적으로 무효였다.

19세기 영국의 유토피아적 사회주의자였던 윌리엄 톰슨(William Thompson)은 노동자의 공동체를 만들어 여성과 남성이 공동으로 가사 노동과 양육을 책임지는 미래의 청사진을 그렸던 인물이다. 톰슨은 결혼이 결코 계약이 될 수 없으며, 누군가 그렇게 주장한다면 거짓말이라고 단언했다. 어떤 남성도 기존 결혼 제도가 보장하는 남성의 권력을 스스로 포기하지 않을 것이며, 결혼의 조건에 대해 여성과 상의하지도 않는다고 톰슨은 지적했다. 남편이 된다는 것은 한 여성을 아내로 맞이함과 동시에 가부장적 권리를 획득하는 것이기 때문이다(페이트먼, 2001: 224-225).

자유주의 페미니즘의 주창자인 존 스튜어트 밀은 톰슨과 유사하게 결혼 내의 남성 우위를 문제로 지적했다. 당시 사회에서 여성은 삶의 다른 대안이 없기 때문에 결혼을 하지 않을 수 없었고, 남성은 자신의 아내를 학대하고 폭력을 휘둘러도 아무런 제한을 받지 않았다. 하지만 밀은 아내가 경제적 의존자인 상황에서 부부간에 지배 관계가 존재한다는 점을 간과했다. 톰슨과 달리 밀은 결혼이 계약이라고 생각했다. 결혼 계약을 다른 계약과 동일선상에 놓기 위해 결혼법 개정을 요구했고, 남편과 아내의 관계를 사업상의 동업자에 비유했다.

동업자 사이에서 어느 한 쪽에 권력이 집중되면 관계는 깨질 것이다. 하지만 아내가 마치 사업상 동업을 그만두듯 결혼 계약을 끝낼 수 있다고 보기는 어렵다. 밀은 오히려 결혼 관계에서 아내와 남편 사이의 권력 배분이 자연스럽게 이루어진다고 보았으며, 결국 생계 부양이나 사회 활동에서 더 많은 역할을 하는 남편이 아내보다 더 많은 결정권을 갖게 될 것이라고 암암리에 전제했다.

결혼법 개정을 주장하면서 결혼을 동업자 간 계약 관계처럼 만들려 했던 밀의 주장은 결과적으로 매우 모순된 결론에 이른다. 여성들은 자유로운 협상을 통해 결혼 계약을 맺지만, 자발적으로 주부가 되어 가사를 하는 선택을 할 것이다. 이런 식이라면 결혼이 계약이 된다 한들 남성의 가부장적 권리를 변화시킬 수 있을 것인지 의문이다.

계약에 대한 혼란

페이트먼은 결혼이 계약이면서도 그 밖의 계약과 다른 점을 상세히 분석한다. 결혼 계약은 다른 계약과 달리 당사자들이 서명한 문서 형태로 체결되지 않는다. 또한 단지 서명을 했다고 해서 남성과 여성이 남편과 아내가 되는 것도 아니다.

페이트먼은 결혼이 두 개의 다른 행위를 통해 이루어진다고 지적한다. 첫째, '수행적 발화'를 통해, 즉 결혼식장에서 "예, 그렇게 하겠습니다"라고 서약하는 말을 통해 선언된다. 둘째, 성교를 통해 완성된다. 계약을 완성하기 위해 필요한 것은 성행위이며, 부부가 동거함으로써 비로소 결혼 계약은 실현된다. 결혼은 '아내와 남편이 서로 상대방을 성적으로 독점하기로 약속하는 계약'이라고 인식된다.

결혼의 또 다른 특징은 다른 계약처럼 임의의 성인들 사이에 이루어지지 않는다는 점이다. 결혼은 반드시 두 사람 간의 계약이어야 하며, 그중 한 사람은 남성이고 다른 한 사람은 여성이어야 한다. 즉 결혼은 성적으로 귀속적인 특징을 띤다. 만일 결혼이 순수한 계약이라면 참여자의 성별은 고려될 수 없으며, 귀속적 지위인 성별과 무관해야 할 것이다. 결혼은 계약에 가까워졌지만, 이처럼 여전히 신분의 흔적을 지니고 있다.

최근 들어 일부 국가에서 동성 간 결혼이 가능해졌고, 독신 여성으로 독립적 생활을 하는 여성들도 늘고 있다. 1988년에 출간된 페이트먼의 ≪성적 계약≫은 그 이후의 제도적 변화를 반영하지 못하는 한계가 있다. 그런데 페이트먼은 결혼 계약에 내포되어 있는 가부장적 예속 관계를 개별 여성과 개별 남성의 관계로 보지 않으며, 집합적 제도 간 관계를 강조한다는 점에서 여전히 의미 있는 쟁점들을 다룬다. "어떤 여성은 결혼을 하지 않고 독신으로 남아 있을 자유가 있겠지만 집단적 의미에서 모든 여성은 결혼이라는 제도에 묶여 있다."(페이트먼, 2001: 190) 독신 여성이 늘어날수록 성적 계약의 기반은 약화할 것이다. 결혼하지 않은 독립적 여성은 때로는 미래의 아이콘처럼 부각되기도 한다. 반면 독신 여성이 사회적으로 미숙하고 이기적인 존재로 폄하되거나 공격받는 경우도 많다.

19세기 페미니스트들이 요구했던 결혼법 개혁은 오늘날 현대적 민주주의 국가에서 상당 부분 이루어졌다. '부부는 한 몸'이라는 전통적 개념은 아내의 법적 존재, 시민사회 내 존재를 부인한다. 결혼법 개혁이 일어나면서 아내가 독자적 재산권과 친권을 행사하고, 이혼 시 재산을 분할받는 등의 변화가 진행되어 왔다. 그 마지막 단추는 부부강간을 인정하는 것이다. 아내의 몸은 남편의 소유가 아니며, 아내가 동의하지 않는 성관계를 강요한 남편은 강간 범죄로 처벌을 받을 수 있다. 이제 결혼은 그 어느 때보다 계약의 형태에 가까워진 것처럼 보인다.

이제는 원하지 않는 결혼 관계에서 벗어나 이혼하는 것이 자유롭지 않은가? 20세기 후반에 진행된 이른바 성 혁명을 통해 개인들의 성적 자유가 크게 확장한 만큼, 결혼 계약에서 성적 예속의 요소들은 사라진 것 아닌가? 페이트먼은 결혼이 계약이 됨으로써 여성이 자유를 얻었다는 주장에 대해 비판적이다.

페이트먼은 먼저 이혼이 결혼이 해소된 상태라기보다는 어떤 면에서 결혼의 한 변형이라고 볼 수 있다는 크리스틴 델피(Christine Delphy)의 논의에 동의한다. 이혼 후에도 많은 여성들은 결혼 관계에서 얻은 아이를 계속 돌보며, 결혼 계약의 조항들은 양육비나 양육권을 둘러싸고 계속 작동한다.

일부 페미니스트들은 가부장적 섹슈얼리티에 대한 유일한 대안이 성차를 제거하고 여성성과 남성성 자체를 정치적으로 아무런 의미가 없게 만드는 것이라고 주장했다. 페미니스트들은 성중립적 용어를 지지하는 법률 개혁 운동을 전개했고, 그 결과 원하던 진전을 어느 정도 이루었다. 하지만 페이트먼은 성중립적 법률 개정과 제도적 변화가 가져올 문제를 지적한다. 이런 식의 개혁은 분명히 남성과 여성에게 다르게 적용되어야 할 임신에 대한 법률을 성차를 구분하지 않고 적용하는 것과 같은 우스꽝스러운 결과를 낳을 수 있다는 것이다.

> 성차의 가부장적 구성에 대한 대안이 오로지 성적으로 중성적인 개인을 만들어 내는 것이라면 그것은 예기치 않은 이상한 결과를 초래할 수 있다.(페이트먼, 2001: 261)

결혼에서 신분적 요소를 없애고 결혼을 완전히 '계약'으로 만드는 것이 페미니스트의 목표가 되어야 하는가? 페이트먼은 이에 동의하지 않는다. 계약주의에 대한 비판에서 이미 드러나듯 계약은 신분과 반대되는 것이기도 하지만 가부장제를 지탱하는 버팀목이기도 하다. 페이트먼은 신분에 대한 계약의 승리가 궁극적으로 가부장제의 종말로 이어지지는 않으며, 오히려 근대적 형태의 가부장제와 결합할 수 있다고 지적한다. 성차를 없애고 모든 여성이 성중립적 '개인'의 지위를 얻는 것이 곧 가부장제의 종말은 아니라는 것이다.

오히려 '계약'과 '개인'이라는 개념이 근대적인 가부장적 권리를 전제하고 있다. 여성들이 개인으로서 계약의 주체가 되는 것 외에 아무런 대안 없이 남성과 같게 되려고 하면, 계약이 승리하더라도 지배와 복종으로 관철되는 가부장적 성차의 구조는 그대로 남을 것이다. "계약에 대한 혼란으로 페미니스트들의 꿈은 계속 좌절되고 있다."(페이트먼, 2001: 262)

결혼 계약과 노동 계약

결혼 계약이 곧 노동 계약이라는 시각은 페미니즘 안에서도 중요한 흐름을 형성해 왔다. 여성이 가정 내에서 무급으로 수행하는 가사 노동은 가족의 일상뿐 아니라 사회 재생산과 국가 경제에 실질적으로 기여한다. 일부 페미니스트들은 가사 노동에 국가가 임금을 지불해야 한다고 주장한다(코스타, 2020).

하이디 하트먼(Heidi Hartmann)은 결혼 계약을 아내의 노동력이 남편에 의해 전유되는 노동 계약으로 정의했다. 사회주의와 마르크스주의의 영향을 받은 페미니스트들은 자유주의 페미니스트들과 달리 결혼 관계를 여성 노동, 자본주의 계급 관계의 차원에서 분석했다. 자본주의하에서 노동자의 착취를 분석하는 마르크스주의 시각이 여성의 억압을 잘 드러낼 수 있다고 보았기 때문이다.

이 시각의 단초는 프리드리히 엥겔스(Friedrich Engels)로 거슬러 올라간다. 엥겔스는 여성에 대한 남성의 억압을 '최초의 계급 억압'이라고 보았다(엥겔스, 2012). 엥겔스는 결혼 계약을 노동 계약의 틀에서 이해했다. 남성들은 남성으로서 여성을 지배하는 것이 아니며, 남성이 결혼에서 취하는 이익은 자본가가 노동자에게서 얻는 이익과 마찬가지라고 가정한 것이다. 엥겔스 이후 사회주의자들에게 아내의 가정 내 예속 문제를 해결하는 방안은 모든 여성이 공적 영역에서 일하는 노동자가 되는 것이었다.

페이트먼이 보기에 이런 사고는 원초적 계약이 순수한 사회계약이라고 가정한다는 점에서 문제가 있다. 즉 사회계약의 내용이 여성과 남성 모두에게 보편적으로 적용될 수 있으며, 아내는 노동자가 됨으로써 남성 노동자와 동등해질 수 있다고 전제하고 있는 셈이다. 페이트먼은 이러한 시각으로는 원초적인 성적 계약을 전혀 인식할 수 없다고 비판한다.

페이트먼의 계약주의 비판, 정치적 허구로서 계약에 대한 비판이 여기에서 다시 도드라진다. 고용 계약은 인간 그 자체가 아니라 인간의 '노동력'을 임금과 교환하는 것이며, 따라서 노동자가 자발적으로 참여하는 자유로운 관계라고 주장할 수 있다. 마르크스는 이것이 교환과는 질적으로 다르면서도 교환이라고 잘못 인식되는 과정, 즉 착취(exploitation)의 과정이며, 이를 통해 자본을 유지하고 증식하는 생산력이 얻어진다고 분석했다(페이트먼, 2001: 210).

페이트먼은 여기에서 고용 계약과 결혼 계약이 단순한 교환 행위를 넘어 장시간 계속되는 사회적 관계, 즉 복종의 사회적 관계를 만든다고 강조한다. 경제적으로 착취당하기 때문에 예속되는 것이 아니라, 예속의 구조가 있어 경제적 착취가 가능하다는 것이다. 페이트먼은 페미니스트가 이러한 구조를 간과하면 결혼 계약과 고용 계약에서 무엇을 '교환'하고 어떻게 '공정'한 몫을 얻을 것인가에만 관심을 집중하게 될 것이라고 비판한다(페이트먼, 2001: 211).

페이트먼은 현대 자본주의 사회를 떠받치는 가장 중요한 두 가지 계약이 결혼 계약과 노동 계약이라고 본다. 이 둘은 앞서 논의했던 로크의 '인신상 재산'을 교환하는 계약이라는 공통점이 있다. 사람의 노동이나 능력을 그의 인격과 신체에서 분리해 교환하는 계약이 가능할까? 페이트먼은 그것이 가능하지 않다고 단언한다. 사람의 노동력, 능력, 서비스는 다른 재산들처럼 노동자 자신에게서 분리할 수 있는 것이 아니다(페이트먼, 2001: 213). 고용 계약은 자유로운 교환의 외양을 띠고 있지만, 고용주와 노동자 사이에 명령과 복종 관계가 만들어질 때 유지된다(페이트먼, 2001: 214). 다시 말해 고용 계약은 노동력과 임금의 교환만이 아니며, 고용주의 명령에 노동자가 따르는 일정한 예속적 관계 없이는 설명될 수 없다.

더욱 중요한 것은 현대 자본주의 사회에서 결혼 계약과 노동 계약이 긴밀히 연결되어 있으며, 서로를 강화하는 제도적 관계를 형성한다는 점이다. 페이트먼은 결혼 계약이 고용 계약과 동일하지 않다고 강조한다. 둘을 같다고 본다면 성적 계약의 특성을 망각할 수 있다.

> 고용주와 남편은 노동자와 아내의 신체를 사용할 권리가 있다. 그러나 남편이 아내에게 행사하는 권리는 아내가 여성이라는 사실에 의해 결정된다. 또한 자본주의가 가부장적이기 때문에 여성 노동자의 노동은 남성 노동자의 노동과는 다

르다.(페이트먼, 2001: 217)

아내는 결코 노동자와 같지 않으며, 여성은 남성 노동자와 같은 의미에서의 노동자가 될 수 없다. 페이트먼은 가족임금(family wage)의 등장 그리고 노동의 성별 분업과 고용의 구조화된 성별 분리 등에서 이를 확인한다.

19세기 말 유럽에서는 노동이 시민권의 핵심이 되었고, 노동 계급 운동은 '완전 고용'을 핵심 요구 사항으로 삼았다. 이와 함께 남성적 특권으로서 노동자의 지위를 지키려는 움직임과 가족임금에 대한 요구가 등장한다. 임금은 단지 개인 노동력의 대가에 그치지 않으며, 노동자가 부양하는 아내와 가족 구성원을 위해 지급된다는 주장이다.

가족임금은 가장인 남성의 벌이가 부업 노동자이자 피부양자인 여성과 달라야 한다는 생각을 뒷받침한다. 페이트먼은 가족임금의 정치적 의미를 이렇게 규정한다. 가족임금에는 남성을 가족의 보호자이자 차세대 임금 노동자를 만들어 내는 창조자로 보는 시각이 반영되어 있다. 남성 임금 노동자만이 새로운 정치적 삶을 만들고 길러 내는 능력이 있다는 시각을 전제한다(페이트먼, 2001: 197-198).

20세기 이후 여성들의 노동 참여가 크게 늘었지만, 여전히 고임금 직종에는 여성의 수가 많지 않다. 여성이 일을 하더라도 그 수입은 가구 단위의 소득에 포함되며, 남편의 임금에 보조적인 것으로 간주된다(페이트먼, 2001: 198). 취업한 기혼 여성, 일하는 어머니들은 과도한 이중 노동 부담을 지고 시간 빈곤에 시달린다. 반면 남성들의 가사 노동 참여는 여전히 제한적이다. 비혼 여성 노동자들은 곧 결혼과 출산으로 가정에 돌아갈 존재로 규정되기도 한다. 이들은 일터에서의 성희롱, 때로는 남성 클럽과 비슷한 직장 환경, 여성을 동료보다는 성적 대상으로 바라보는 시선에 다반사로 노출된다. 페이트먼은 남성의 성적 권리가 가정 내의 아내에게만 관련된 것이 아니며, 작업장과 공적 세계에서 남성들의 가부장적 권리를 유지하는 데에도 이바지한다고 말한다.

> 성적 계약[이라는 개념] 없이는 노동자들이 남성이라는 것도, '노동 계급'이 남성들의 계급이라는 것도 알 수 없다. 시민적 공적 영역은 스스로 존재할 수 없다. 즉 '노동자'와 그의 '노동' 그리고 노동하는 계급은 사적 영역과 결혼 생활에서 남편이 누리는 권리와 별개로 생각될 수 없다.(페이트먼, 2001: 194)

참고문헌

마리아로사 달라 코스타 지음, 이영주·김현지 옮김(2020). ≪페미니즘의 투쟁: 가사 노동에 대한 임금부터 삶의 보호까지≫. 갈무리.

캐럴 페이트먼 지음, 이충훈·유영근 옮김(2001). ≪성적 계약≫. 이후.

프리드리히 엥겔스 지음, 김대웅 옮김(2012). ≪가족, 사유재산, 국가의 기원≫. 두레.

06
동의

동의는 자유주의 이론과 실천에서 핵심적 개념이다. 또한 일상적 삶에서, 특히 여성과 남성의 친밀한 관계에서 동의 여부는 많은 것을 결정해 준다. 동의 없는 강제 결혼은 무효이며, 동의 없는 성교는 강간 범죄가 된다. 하지만 여성들이 말하는 '아니오'는 강간 법정에서 증거가 되지 못한다. 페이트먼은 강요된 복종과 동의를 구분하지 못하는 법적 불확실성과 법적 실패가 단지 강간 법정에 국한되지 않으며, 자유민주주의의 광범한 실패를 극명하게 보여 주는 사례라고 지적한다.

강간과 동의에 대한 '오인'

동의(consent)는 일상에서 쓰이는 쉬운 말이지만, 자유주의 이론과 실천에서 핵심적 개념이기도 하다. 민주주의 사회에서 국가에 대한 시민들의 동의와 더불어, 일상적 삶에서 시민들 사이의 동의도 광범하게 존재한다. 페이트먼은 이 두 차원의 동의가 어떤 관계에 있는지 충분히 탐구되지 않았다고 말한다. 특히 일상적 삶에서의 동의는 여성들과 밀접하게 관련된다. 여성과 남성 간의 친밀한 관계는 동의에 의해 결정될 때가 많다. 여성은 결혼에 동의하고 성관계에 동의하도록 기대된다. 동의 없는 강제 결혼은 무효이며, 동의 없는 성교는 강간 범죄가 된다.

페이트먼이 "여성과 동의(Women and Consent)"라는 논문을 발표한 시점은 1980년인데, 당시 강간 사건에 대한 보도와 판결들을 검토했다. 이 논문에서 페이트먼은 강간이 결혼 관계 안과 밖에 널리 퍼져 있고, 모든 연령대와 모든 계급의 여성들이 공격을 받음에도 대다수 강간 사건이 보도되지 않았다고 지적한다. 강간 사건에 대한 판결문에는 여성의 '동의'에 대한 모순적 인식과 해석들이 넘쳐난다. 페이트먼은 강요된 성폭력과 동의에 의한 성관계를 구분하지 못하는 법적 실패를 지적한다(Pateman, 1989: 79).

강제된 복종과 자발적 동의는 어떻게 다른지, 무엇이 폭력과 위협을 구성하는 행위인지 제대로 분별하지 못하는 광범한 법적 불확실성의 영역이 존재하기 때문이다. 페이트먼의 논의는 강간법 개혁을 주장하는 페미니스트 법학자들에게도 상당한 영향을 미쳤다.

그런데 페이트먼은 강간 판례를 검토하면서 개별 사건의 피해-가해 관계를 분석하는 대신 자유민주주의와 동의 이론의 문제점, 여성의 동의를 둘러싼 의미의 공백과 정치적 맥락을 이야기하려 한다. 당시 영국과 미국 캘리포니아주에서 각각 일어난 강간 사건인 '모건 사건'과 '메이베리 사건'에서는 '동의에 관한 사실 오인(a mistake-of-fact as to consent)'이라는 새로운 변호 논리가 등장했다. 모건 사건에서 판사는 만약 여성이 동의했다고 남자가 잘못 생각해서 성행위가 일어났다면, 남자가 부주의한 것일 수는 있어도 강간을 범하지는 않은 것이라고 주장했다(Pateman, 1989: 80). 고의 없는 부주의, 오인에서 발생한 행위를 유죄로 판결하는 것은 잘못이라는 논리다.

사실 오인을 주장하는 변론이 성립하려면 '객관적 합리성'에 기초해야 한다. 누구나 사정이 그러할 때 합리적으로 저지를 수도 있는 실수여야 한다. 하지만 어떻게 누구나 여성의 동의에 대해 그러한 오인을 할 수 있다는 것인가?

평범한 인간적 결함 때문에 그런 실수를 하게 되는가? 이른바 '합리적 오인'은 얼마나 자주 발생하며, 과연 도대체 오인이기나 한 것인가? 페이트먼은 대부분 강간이 어리석은 남자가 여자의 동의를 오해해 일어나는 것이 아니라 의도적 공격의 결과로 발생한다고 말한다.

수많은 의문에도 불구하고 이런 식의 변호가 이미 강간 법정에서 인정되어 왔다. 여자들의 '아니오'라는 말은 거절로 해석되지 않으며, 남자들이 성에 관해 소극적인 여자들에게 다소간 압력을 가하는 것이 '이성적' 행동이라는 생각은 널리 퍼져 있다. 일반적으로 강간은 동의에 의한 성관계와 완전히 반대되는, 수용될 수 없는 특정 행동으로 표현된다. 그런데 여성과 동의와 강간의 문제에서 "가장 비극적인 점은, 강간이 남성과 여성에게 수용된 '자연스러운' 관계의 확장 혹은 그것의 극단적 표현으로 드러나는 것이다"(Pateman, 1989: 82).

강간에서 '객관적 기준'과 '합리적 오인'의 문제는 '동의'와 '비동의'의 의미가 얼마나 텅 비어 있는 것인지 보여 준다. 여성의 동의는 남성의 동의와 같지 않다. 여성의 비동의는 여성의 동의보다 쉽게 무효화된다. 자신의 입으로 말한 동의 혹은 거부를 확인하고 인정받을 만큼 개인으로서 여성 지위가 공고하지 않기 때문이다.

페이트먼은 여성과 동의의 문제가 강간 법정에 국한되지 않으며, 강간법의 개혁뿐 아니라 자유민주주의 이론과 실천의 심장부에서 근본적 변화를 요구하는 문제로 그 의미를 확장한다. 강간에서 강요된 복종과 동의를 구분하지 못하는 것은 동등한 시민들의 자유로운 동의와 참여를 지배·종속·불평등과 구별하지 못하는 자유민주주의의 더욱 광범한 실패를 극명하게 보여 주는 사례다(Pateman, 1989: 83).

계약과 동의

동의는 흔히 강요나 복종의 반대말로 사용된다. 누가 시켜서 억지로, 싫은 일을 어쩔 수 없이 해야 하는 상황과 달리 자유로운 개인이 자신의 의지로 '예'라고 받아들이는 것이 동의의 의미다. 민주주의를 비민주주의 체제와 구별하는 본질적 특징을 바로 동의에서 찾을 수 있다. 자신의 의지로 지배 질서를 받아들이고 정치에 참여한다는 의미에서 동의는 자유주의 이론과 실천의 핵심이며, 주의주의(voluntarism, 主意主義) 이론과 연결된 개념이다.

페이트먼은 '자유주의가 동의에 기초한다'는 주장의 논리적 허점과 역사적 배경을 검토하며, 초기 계약이론과 홉스, 로크, 루소의 논의를 페미니즘의 시선에서 비판한다. 초기 계약이론과 동의 이론은 '자연적으로' 자유롭고 평등하게 태어난 개인이라는 특정한 개념에서 출발한다. 하지만 논자에 따라 흥미로운 입장 차이가 나타난다.

홉스의 세계에서 '동의'란 권력에 대한 복종과 다르지 않다. 자유로운 개인들이 법을 준수하고 정치적 의무를 수용하는 것은, 그러지 않을 경우 발생하는 혼란과 무질서에 대한 두려움에서 자신을 지키려고 '동의'한 결과다. 홉스는 모든 권위적 관계가 동의에 기초한다고 주장하며, 두려움과 자유가 양립 가능하다고 이야기한다. 동의는 곧 자발적 복종이며, 두려움에 의한 동의, 생존을 위해 어쩔 수 없이 하는 동의도 마찬가지로 동의다. 페이트먼은 강간에 대한 여론과 법원의 판결이 '홉스적(Hobbesian)'이라고 말한다(Pateman, 1989: 78). 이들은 강요된 복종을 동의와 동일시하며, 여성의 저항을 물리적으로 입증하지 못할 경우 강간이 아니라 합의된 관계라고 해석한다.

로크는 홉스와 달리 자유롭고 평등한 개인들에게는 스스로 동의할 수 있는 도덕적·지적 능력이 있다고 보았다. 사회계약이 성립하려면 스스로 동의하는 개인들이 존재해야 한다. 그런데 로크는 특별히 동의를 표현하지 않아도 동의하게 되는 상황, 즉 어떤 제도나 관행에 대해 '아무런 표현도 전혀' 하지 않더라도 개인들이 일상적 삶에서 평화롭게 지낸다면 동의가 이미 이루어진 것으로 간주할 수 있다고 주장한다. '암묵적 동의'도 동의라는 것이다.

페이트먼은 로크의 '암묵적 동의'를 강하게 비판한다. 경제적으로 빈곤하고 정치적으로 불평등한 상황에 놓인 어느 집단이 자원과 조직의 결핍으로 자신들의 불만을 사회적으로 표출할 수 없더라도, 이들이 '암묵적 동의'를 한 것으로 간주되기 때문이다.

로크는 개인을 동의의 수호자라고 보았다. 여기에서 페이트먼은 '그의(his) 동의에 대한 수호자'라는 로크의 표현, 즉 '그 여자의(her)'가 아닌 '그 남자의(his)' 동의라는 표현이야말로 로크가 의미한 바를 알려 준다고 지적한다. 고전적 계약이론가들은 여성을 남성과 동일한 자격을 지닌 개인으로 보지 않았다. 앞서 살펴본 대로 동의는 결혼 계약의 중요한 구성 요소다. 그런데 로크는 남편에 대한 아내의 종속이 '자연 상태'에 근거하며, 따라서 아내는 '자연적으로' 자유롭고 평등한 개인이 될 수 없다고 생각했다.

여성이 남성과 동등한 개인은 아니지만 결혼 계약의 당사자로 계약에 '동의'한다는 모순적 주장은 어떻게 성립할 수 있을까? 결국 페이트먼은 여성과 남성 간의 결혼 계약에서 '동의'라는 겉모습을 있는 그대로 받아들일 수 없다고 결론짓는다. 자유롭고 평등한 여성 개인이 왜 남성 개인에게 순종하고 따르는 식의 계약을 해야 하는가? 남편의 권위를 수용하는 외견상의 '동의'는 결국 계약이론가들이 전제하듯 여성이 '자연 상태에서 종속'되어 있음을 형식적으로 인정하는 것일 뿐이다.

사회계약 이론가로 널리 알려진 루소는 개인주의에 기초한 계약 개념을 비판했다는 점에서 홉스나 로크와 달랐다. 하지만 사회계약을 젠더 관계의 기초로 옹호한 점에서는 마찬가지였다. 루소는 여자들의 '자연적'인 특성 때문에 그리고 남자들의 도덕과 시민적 덕성에 해로운 영향을 미치기 때문에 여자들이 정치 활동에서 배제되어야 한다고 주장했다.

흥미롭게도 루소는 성관계에서 여자들의 '동의'에 대해 오늘날 말하는 성의 '이중 기준'을 정확하게 옹호하고 있다. 여자들이 겉보기에 동의하지 않더라도, 언제나 동의가 이루어진 것으로 가정될 수 있다는 것이다. 루소에 따르면 남자들은 '자연적인' 성적 공격자들이며, 여자들은 '저항하도록 운명 지어진' 존재다. 루소는 '공격과 방어의 질서가 변한다면 인류는 어떻게 되겠는가'라고 묻는다. 루소는 여성의 동의가 무의미하다는 남성의 시선을 노골적으로 드러낸다.

> 진실을 말하는 것은 그들의 입이 아님에도 불구하고, 어찌하여 당신은 그들의 말에 귀를 기울이는가? … 여성의 수줍음이 여성을 불행하게 만들어서야 되겠는가? 여성에게는 노골적으로 표현하지 않고도 자신의 심정을 전달할 수 있는 방법이 필요하지 않을까?(Pateman, 1989: 76; 루소, 2006: 690-691)

마치 로크가 말한 암묵적 동의처럼, 남자는 분명한 표현이 전혀 없을 때 여자의 '동의'를 해석하는 법을 배워야만 한다. 루소는 "이 묵언의 동의를 끄집어내는 일은 사랑에서 허용되는 모든 폭력을 사용하는 일"이라고 말한다.

누가 어떻게 동의하는가

강간에서의 동의는 여전히 여성운동과 법정에서 뜨거운 공방이 오가는 현재진행형 쟁점이다. 페이트먼의 이론적 역량은 여성의 동의라는 쟁점을 자유민주주의의 핵심 문제로 부각하는 데에서 빛을 발한다. "여성과 동의의 쓰이지 않은 역사를 검토하기 시작하면 동의 이론의 억눌려 있던 문제들이 표면으로 드러나게 된다."(Pateman, 1989: 72)

여성과 동의의 문제는 앞서 살펴본 대로 오늘날 강간 법정에서 가장 첨예하게 부각된다. 여성의 거부(비동의)는 루소가 말했듯 진실의 표현으로 간주되지 않는다. 여성의 동의와 비동의는 말 그대로 텅 빈 공백일 뿐이다. 이는 여성과 여성의 '동의' 간 모순 그리고 오늘날 '개인'으로서 여성의 지위가 매우 불확실하고 애매하다는 사실을 보여 준다. 반대로 남성의 의도는 법정에서 매우 폭넓고 두텁게 변호받는다. 남성은 여성이 동의한 것으로 '오인'했을 뿐이라거나, 여성은 한번 동의하면 철회할 수 없다거나, 여성의 저항은 객관적으로 입증하기 어렵다는 식의 폭넓은 회색 지대가 만들어진다.

'동의'의 관례적 용법은 남성과 여성의 '자연적' 특징에 대한 믿음들 그리고 앞서 살펴본 성의 이중 잣대를 강화하는 데 일조해 왔다. 동의는 언제나 어느 일방에게 '주어지는' 것이다. 초기 계약이론의 주장처럼 '자연적으로' 우월하고 성적으로 능동적인 남성이 주도권을 행사하거나 계약을 제안하며, '자연적으로' 수동적인 여자는 이에 '동의한다'. 평등한 성적 관계는 이런 기초에 바탕을 둘 수 없다. 페이트먼은 지금까지 사용되어 온 '동의'는 동등한 두 존재가 합의해 지속적 관계를 창출해 나가는 데 도움이 되는 언어가 아니라고 결론짓는다.

자유민주주의가 동의에 기초하고 있다는 주장은 자연스럽게 들리지만, 언제 어떻게 시민들이 동의를 수행하는지 입증하는 것은 매우 어려운 일이다. 바쁘고, 빈곤하고, 여유가 없는 시민들은 동의 여부를 밝힐 기회도 없이 '암묵적으로 동의'한 것으로 간주된다. 페이트먼은 '누가 어떻게 동의하는가'의 문제를 얼버무린다는 점에서 동의이론이 처음부터 애매성을 내포하며, 동의가 일종의 이데올로기로 작용한다고 지적한다.

그러므로 자유민주주의는 동의와 복종을 구분하는 데 실패한다. 강간에서 동의와 강요된 복종을 구별하지 못하는 것은 동등한 사람 간의 자유로운 합의와 참여를 지배·종속·불평등 관계와 구분하지 못하는 자유민주주의의 실패를 극명하게 보여 주는 사례다.

일반적인 자유주의 이론가들은 자유주의 질서의 핵심으로 동의를 옹호한다. 단, 극단적인 자유지상주의자를 제외한다면 노예가 되기로 동의해서는 안 된다고 주장한다. 개인이 (노예가 됨으로써) 스스로 동의할 능력을 부정하는 모순에 빠지기 때문이다. 페이트먼은 여성의 동의, 즉 결혼에서의 동의와 성관계에서의 동의에서도 유사한 모순이 발생하는데 왜 이를 분석하지 않느냐고 반문한다. 결혼계약에서의 모순을 논의하지 않는다면 고용 계약이나 자본주의적 생산의 모순도 이야기할 수 없을 것이다. 동의 속에 내포되어 있는 여성의 종속을 보지 못한다면 자유민주주의 국가의 계급 구조도 제대로 분석될 수 없다. 페이트먼은 자유주의 국가의 민주적 재구성은 우리의 성적인 삶의 재구성과 연결되어 있으며, 사회적 삶의 민주적 전환이 이루어지려면 이 두 차원을 구분하지 말아야 한다고 주장한다.

참고문헌

장자크 루소 지음, 민희식 옮김(2006). ≪에밀≫. 육문사.

Pateman, C.(1989). Women and Consent. *The Disorder of Women*, pp. 71-89. Stanford University Press.

07
근대 가부장제

가부장제는 페미니즘에서 가장 자주 등장하는 개념이다. 흔히 가부장제는 과거 전통의 유제이자 부권 지배의 제도로 이해된다. 하지만 페이트먼은 페미니스트들도 가부장제에 대한 개념적 혼돈에서 벗어나지 못했다고 비판한다. 가부장제는 봉건적 전통이 아니며, 정치적 근대성의 기원에서 새롭게 창출된 것이다. 현대적 복지국가에서도 가부장제는 작용하고 있다. 페이트먼은 여성 고용이 확대된 현대 사회에서도 '울스턴크래프트의 딜레마'가 여전히 해소되지 않았다고 말한다.

가부장제를 둘러싼 혼돈

'가부장제'만큼 페미니즘 이론에서 많이 논의된 개념도 없을 것이다. 가부장제를 여성 해방의 방해물이나 반드시 타파해야 할 지배 체제라고 외친 페미니스트들이 많았다. 20세기 후반 페미니즘 이론이 다양하게 확장되면서 가부장제는 학술적이고 복합적인 개념으로 논의되었다. 한 예로, 마르크스주의에 영향을 받은 페미니즘 이론가들은 자본주의와 가부장제의 이중적 체계가 여성을 억압한다고 보았다. 가부장제와 자본주의의 이해관계가 언제나 일치하지는 않으며, 여성들은 복합적인 소외와 구속 아래 놓인다. 따라서 페미니스트들은 여성 해방을 위해 머리가 둘 달린 이 괴수를 죽여야 한다고 생각했다(통·보츠, 2019). 실비아 월비(Sylvia Walby)는 가부장제의 역사적 변천을 고찰하고 사적 가부장제와 공적 가부장제를 구분했다(Walby, 1990).

페이트먼은 이와 다소 다른 관점에서 가부장제 논의를 검토한다. 페이트먼은 페미니즘 내부에 가부장제에 대한 '혼돈'이 있다는 점을 문제로 지적한다. 페이트먼의 비판은 세 가지 논점으로 이루어진다. 첫째, 가부장제를 가족 내 아버지의 지배로 규정하는 것은 오류다. 둘째, 가부장제를 봉건제나 신분제의 산물, 전근대적 유제로만 이해하는 것은 잘못이다. 셋째, 가부장제는 정치적 근대성의 탄생과 결합되어 있는 근대적 기획이며, 그 핵심은 여성의 성에 대한 남성의 권리다.

세 가지 논점을 차례로 살펴보자. 먼저 페이트먼은 가부장제를 가족 내 아버지의 지배로 파악하는 것에 비판적이다. 가부장(家父長)이라는 말 자체가 가족의 대표이자 수장인 아버지를 의미하기에 가부장제의 핵심이 부권 지배라는 주장은 지금까지도 상식적으로 받아들여지고 있다. 페미니즘 내에서도 부성과 부계 우위의 질서가 곧 가부장적 여성 억압의 핵심이라고 보는 견해가 일반적이다.

이런 논리는 가부장제를 변화시키기 위해 부성과 모성의 재생산 그리고 양육에서의 성별 분업을 바꾸어야 한다는 주장으로 이어진다. 성차별과 남성 우위의 사회 구조는 초기 양육이 이루어지는 가족 관계에서 만들어지며 지속적으로 재생산된다는 것이다. 심리학자 낸시 초도로(Nancy Chodorow)는 남성이 아닌 여성이 초기 양육을 전담하며, 어머니에 대한 아이의 의존은 영유아의 심리·성적 발달 단계의 특징이자 여성성과 남성성의 심리적 패턴을 재생산하는 조건이라고 분석한다. 따라서 가부장적 지배를 변화시키려면 초기 양육기 여성의 부담과 희생을 모성의 가치로 재생산하는 고리를 끊어야 하며, 남성이 양육에 참여해 성별 분업을 바꾸어야 한다고 본다(초도로, 2008).

하지만 페이트먼은 아동 양육에서 모성과 부성의 역할 분업이 가부장제의 근거라는 주장에 의문을 제기한다. 아버지가 양육을 분담한다면, 즉 양육에서 부성과 모성 간의 평등이 이루어지면 가부장제가 바뀔 수 있을까? 페이트먼은 모성과 부성이 등가적이라는 인식 자체를 받아들이지 않는다. 모성과 부성은 사회적 의미 자체가 다르다. 모성은 여성이 직접 생물학적 출산을 하기 때문에 출생 과정에서 즉각 확인된다. 반면 남성은 성교와 출산 사이의 시간 간격 때문에 태어난 아이가 자신의 핏줄인지 직접 확인하기 어렵다.

즉 부성은 존재론적으로 자명한 것이 아니라 사회적·정치적으로 발명되어야 하는 개념이다. "부권의 발견은 남성들로 하여금 중대한 업적을 성취하게 한 중요한 지적 진보이자 창조적 힘이다."(페이트먼, 2001: 60) 남성에게 아버지로서의 권한과 힘을 부여하는 '정치적 과정'을 통해 부권이 만들어지고 지속된다면, 양육을 분담하는 경험적 과정만으로 가부장적 부성이 변화되기는 어렵다.

근대 가부장제

둘째, 가부장제는 전근대적이고 봉건적인 신분제의 유물이라는 견해가 널리 퍼져 있다. 그렇다면 근대화와 민주화가 진행될수록 가부장제는 극복될 것이라고 기대할 수 있다. 자유주의 페미니즘은 여성의 교육과 사회참여가 확대되면 전통적인 남성 우위의 질서가 변화하고 여성도 시민적 권리를 획득할 것이라고 믿었다. 이런 시각은 가부장제를 '영원한 어제'로 볼 뿐, 현대적 자본주의 사회 속에서 계속 생명을 연장하는 가부장제의 특성을 이해하기 어렵게 한다.

20세기 후반의 아카데믹한 페미니즘 연구에서 자본주의와 가부장제의 공존 혹은 상호 결합은 매우 중요한 주제로 다루어졌다. 줄리엣 미첼(Juliet Mitchell), 앨리슨 재거(Alison Jaggar) 등 마르크스주의의 영향을 받은 페미니스트들은 노동자에 대한 자본주의적 억압과 여성에 대한 가부장제적 억압의 체계가 별도로 존재하면서 서로를 강화한다고 분석했다. 이들은 자본주의와 가부장제를 이원적 체계로 보았다(통·보츠, 2019).

페이트먼은 이 이원체계론을 분명하게 비판한다. 이런 시각에서는 자본주의적 생산 관계와 달리 가부장제가 봉건적 유제, 과거의 귀속적 신분 사회의 한 부분으로 인식된다. 하지만 이렇게 되면 페미니즘은 자본주의와 계급 지배의 구조를 보완하는 논리에 그치게 된다. 페이트먼은 오히려 자본주의 경제를 포함한 시민사회 전체가 가부장적으로 구조화되어 있으며, 가부장제는 근대의 정치적 기획으로 탄생했다고 주장한다.

페이트먼은 초기 계약이론을 분석한 자신의 이론 틀 위에서 전통적 가부장제와 고전적 가부장제를 구분한다. 정치 이론가로서 페이트먼이 다루는 것은 자원의 배분과 지배가 실천되는 경험적 체계로서 가부장제가 아니라, 가부장제에 대한 사고와 관념이다. 따라서 '가부장제'보다는 가부장주의(patriarchalism)가 여기서 더 정확한 표현이라고 할 수 있다. 전통적 가부장주의는 '영원한 어제'에서 유래한 자연 질서의 일부로서 '아버지의 지배'를 폭넓게 의미한다.

고전적 가부장주의는 유럽에서 특정한 시기에 등장한다. 가정 안의 부권을 정치공동체로 확장하며, 왕의 권위를 최초의 아버지 '아담'에서 이어져 온 아버지의 지배에 기초한 것으로 정당화한다. 이를 주장한 대표적 인물이 필머다.

17세기를 전후해 고전적 가부장주의를 부인하는 새로

운 정치적 주장으로 계약론이 등장했고, 이로써 근대 민주주의 사상이 싹을 틔웠다. 계약이론은 고전적 가부장주의를 분쇄하면서 등장했고, 전근대적 가부장주의 전체를 넘어선 새로운 민주주의 이론으로 자신을 포장했다. 하지만 페이트먼은 사회계약의 근저에 원초적인 '성적 계약'이 은폐되어 있으며, 형제적 계약에 근거하는 근대적 시민사회는 근대적 가부장제 질서라고 분석한다.

이처럼 페이트먼은 계약이론에 숨어 있는 근대적 가부장제를 드러내려 한다. 오늘날 여성의 예속은 예외적으로 야만적이고 폭력적인 남성에 의해 혹은 아직도 잔존해 있는 전근대적 봉건적 가족 관계로 인해 지속되는 것이 아니다. 시민적 계약 속에는 새로운 형태의 근대적 여성의 예속, 즉 시민적 예속이 내포되어 있지만 남성 계약론자들의 논의에서 이런 부분은 은폐되어 왔다. 남성들 간의 계약은 여성을 예속시키는 원초적 성의 계약, 즉 형제적 계약을 기초로 성립될 수 있다. 즉 가부장제는 과거의 유제가 아니라 정치적 근대성의 기원에서 새롭게 창출된 것이다.

페이트먼은 근대 민주주의가 모든 지배와 예속을 종식하지 않았으며, 계약이라는 개념 안에 지배와 예속의 관계가 근대적 형태로 자리 잡고 있다고 인식한다. 모든 개인이 동등하게 참여하는 시민사회는 정치적 허구이며, '개인'의 지위 자체가 남성을 모델로 한 것이고, 더 나아가 남성 내부의 모순과 갈등(예를 들어 이익을 추구하는 개인과 공동체를 지키는 남성 간의 모순) 또한 은폐하고 있다고 비판한다. 따라서 탈가부장제적 질서를 이루려면 자유민주주의를 여성에게로 확장하는 것이 아니라 자유민주주의 전체를 새롭게 혁신하는 정치적 상상력이 필요하다.

가부장적 복지국가: 울스턴크래프트의 딜레마

가부장제가 근대적인 정치 기획이며 민주주의에 내재하는 가부장적 개념을 혁파하려면 총체적 비판과 노력이 필요하다는 페이트먼의 주장은 다소 추상적으로 보인다. 이를 현대적 맥락에서 조금 더 구체화할 수 있는 논의는 복지국가에 대한 분석에서 찾아볼 수 있다.

20세기에 확립된 민주적 복지국가는 계급의 문제, 노동계급에 대한 재분배의 차원에서 논의된다. 페이트먼은 계급의 중요성을 부인하지 않는다. 하지만 젠더 관계의 특성에 주목하지 않고서는 복지국가, 민주주의, 계급이 이론적으로 논의될 수 없다고 분명하게 말한다. 복지국가를 젠더 관점에서 분석하는 수많은 연구들이 있지만, 페이트먼은 정치사상의 근거를 찾아 가는 독창적 논의를 보여 준다. 페이트먼은 헤겔의 도덕적 딜레마에서 이 문제를 재조명한다(Pateman, 1989: 182).

헤겔은 시민권이 자본주의 시장의 작동 안에서 침식될 때, 자원 부족과 빈곤 때문에 '사회에서 부당하게 추방당한 상태'에 처한 시민들의 문제로 발생하는 도덕적 딜레마를 제시한 최초의 정치 이론가였다. 완전 고용이 현실화하기 어렵고 오히려 대량 실업이 항구적으로 발생하는 자본주의 사회에서, 노동을 통해 생활 임금을 취득할 기회를 놓친 사람들은 가난 때문에 사회에서 추방된 위치에 놓인다. 이는 곧 계급의 문제이며, 복지국가는 이들을 사회 안으로 다시 통합하기 위해 지원을 제도화하고 수당을 지급한다.

그런데 헤겔은 시민사회와 시민권 안으로 통합되지 못하고 추방되는 또 다른 존재가 있다고 보았다. 헤겔에 따르면 여성들은 시민사회에 입장할 수 있는, 자신의 노동력을 판매하고 시민이 될 수 있는 '개인'의 속성과 능력을 자연적으로 결여하고 있다. 즉 여자들은 '자연적'으로 사회에서 추방된 자들이다. 이 두 번째 딜레마, 즉 성별에 의해 시민 지위에서 배제된 사람들은 가족을 통해 국가 안으로 통합된다는 것이 헤겔의 기본 생각이었다. 가족은 시민사회와 국가를 떠받치는 도덕적 기초이며, 여성은 사적 가족 구성원으로서 시민사회 안으로 통합된다.

헤겔의 이야기는 개인주의에 기초한 계약이론과 논리적 결이 매우 다르지만, 사적 가족과 공적 국가는 분리되며 여성은 가족을 통해 사회 안으로 포괄되어야 한다는 논리는 여기서도 비슷하게 반복된다. 페이트먼은 이러한 논리가 참인 동시에 거짓이라고 말한다. 사적 영역인 가정이 여자들의 고유한 장소라는 이야기는 맞는 말이다. 하지만 이는 거짓이기도 한데, 복지국가는 남자가 여자를 부양한다는 가족생활의 가부장적 구조에 근거하는 동시에 그러한 구조를 애써 유지해 왔기 때문이다. 남자들은 가정의 '가장'인 동시에 공적인 삶의 참여자로 여겨졌다. 여자가 아니라 남자가 가장이 되기에 적합하다는 생각의 근저에 있는 남성의 '자연적 능력'은, 여자가 아니라 남자가 시민적 삶에 참여할 수 있게 되는 능력과 동일하다. 사적 영역에서의 역할이 곧 공적 영역에서의 정치적 지위를 뒷받침한다. 공적 영역과 사적 영역은 분리된 동시에 긴밀하게 연결되어 있다.

대부분 민주주의 이론가들은 성적 분업의 정치적 중요성을 무시한다. 시민권을 부여하는 자격 기준의 핵심은 이론적으로나 역사적으로 '독립'이었다. 시민은 독립적인 사람이며, 의존적 피부양자는 시민이 될 수 없다. 그런데 이

때 독립을 구성하는 요소들이 바로 남성적 속성과 능력이다. 독립은 남성들의 자기 보호를 위한 세 가지 능력, 즉 무기를 들 수 있는 능력, 재산을 소유할 능력 그리고 자기 통치 능력을 의미했다. 이러한 기준을 충족하지 못하는 여성들은 곧 '의존적' 존재로 구분되었다.

시민권을 공민권, 정치권, 사회권(복지권)의 세 차원으로 이론화한 토머스 험프리 마셜(Thomas Humphrey Marshall)(마셜, 2013), 복지국가를 주창한 윌리엄 베버리지(William Beveridge)의 논의에서도 젠더 구조는 전제되어 있다. 보편적 시민권으로서 일할 권리, 유급 고용에 대한 권리에 대한 마셜의 설명에서 '노동자'의 의미는 가정 내에서 남편으로서의 지위 그리고 복지국가 시민으로서의 지위에 의존한다. 생계부양자와 피부양자는 각각 남편과 그의 보호를 받는 아내의 지위를 의미했다. 베버리지 역시 고용된 남성이 가장인 가족을 복지의 기본 단위로 생각했다. 베버리지는 기혼 여성의 무급 노동 없이는 남편들이 종사하는 유급 노동의 체계가 유지될 수 없으며, 더 나아가 국가도 지속될 수 없다는 것을 알고 있었다(Pateman, 1989: 194).

복지국가는 가부장적 구조에 기초하지만 복지국가의 발전은 여성들의 자율적 시민권 확대에 일정한 토대를 제공하는 면도 있다. 이 과정이 매우 복합적이고 지난하다. 페이트먼은 여성이 시민권을 추구하는 데 두 가지 경로가 있다고 말하면서 이제는 너무나도 유명해진 '울스턴크래프트의 딜레마'를 설명한다. 시민권에 대한 가부장적 이해에 따르면, 두 가지 양립 불가능한 수요가 있기 때문에 두 가지 길 중 하나를 선택해야만 한다. 여성이 남성과 같아져 완전한 시민이 되거나, 기존의 시민권 차원에서 가치를 인정받지 못하더라도 이른바 여성의 일을 계속하는 것이다.

첫 번째 경로는 '젠더 중립적' 권리를 추구한 자유주의 페미니즘의 방향, 여성들이 교육을 받고 취업을 함으로써 남성과 법적·제도적으로 동일한 권리를 획득하는 길이다. 두 번째 경로는 여자들의 특별한 능력, 재능, 필요, 관심을 근거로 돌봄, 양육, 관계 지향적인 삶을 살아가는 길이다. 현재의 제도적 시민권, 고용 중심의 시민권을 여성에게로 확대하는 방안은 여성의 권리 확대에 상당히 기여해 왔지만, 이는 '시민'의 가부장적 의미를 그대로 받아들이는 것이기도 하다. 이때 시민은 곧 남자들의 속성, 능력, 활동으로 구성되어 있다. 여성은 이러한 경로에서 완전한 시민이 될 수 없으며, 기껏해야 남성보다 부족한 2등 시민의 위치에 머물 것이다. 일하는 여성들은 여전히 노동 시장의 차별적 구조, 유급 노동과 가사 노동의 이중 부담, 일터에서의 성희롱 문제 등에 직면하고 있다.

다른 한편 가부장적 복지국가 안에서 여성이 수행해 온 역할과 책임의 가치를 인정받고자 한다면 여성들은 공적 영역과는 다른 영역, 예컨대 여성화되고 주변화된 영역으로 분리될 것이다. 남성 시민들과 분리된 여성적 특성, 여성적 일을 하는 시민들이 과연 차이를 인정받는 동시에 평등한 권리를 누릴 수 있을까? 복지국가의 확장은 여성의 고용과 돌봄에서 새로운 변화의 가능성을 보여 주었지만, 페이트먼은 영미권 국가의 복지국가 경험을 관찰하면서 울스턴크래프트의 딜레마가 여전히 해결되지 않았다고 말한다. 페이트먼은 영국과 호주의 아동수당, 가족수당 사례에서 여전히 이 딜레마가 작용하고 있다고 본다.

> [이는] 여성의 일을 하는 여성들을 지원하고 여성의 시민권을 향상시키면서 또한 가부장적 권력에 도전하는 정책을 시행하는 것이 얼마나 어려운지를 보여 준다.(Pateman, 1989: 197)

이러한 딜레마를 해결하려면 여성이 '남성'과 반대되는 무엇, 즉 의존적이고 종속적이며 보호가 필요한 집단이라고 전제하는 대신 '여성으로서 행동할 수 있는' 진정한 민주주의의 조건을 창출해야 한다. 이러한 변화는 여성들의 노력만으로 성취되기 어렵다. 페이트먼은 모든 시민을 위한 복지가 제공되는 더욱 확장된 민주주의를 이루기 위해서는 가부장적 권력의 문제를 이해하는 노동운동과 계급 권력의 문제를 이해하는 여성운동의 연대가 필요하다고 말한다(Pateman, 1989: 201).

참고문헌

낸시 초도로 지음, 김민예숙·강문순 옮김(2008). ≪모성의 재생산≫. 한국심리치료연구소.

로즈마리 퍼트넘 통·티나 페르난디스 보츠 지음, 김동진 옮김(2019). ≪페미니즘: 교차하는 관점들≫. 학이시습.

캐럴 페이트먼 지음, 이충훈·유영근 옮김(2001). ≪성적 계약≫. 이후.

토머스 험프리 마셜 지음, 김윤태 옮김(2013). ≪시민권과 복지국가≫. 이학사

Pateman, C.(1989). The Patriarchal Welfare State. *The Disorder of Women*, pp. 179-209. Stanford University Press.

Walby, S.(1990). *Theorizing patriarchy*. Basil Blackwell.

08
글로벌 성-인종 계약

계약에 의한 지배를 일관되게 비판했던 페이트먼은 가부장적 권리와 더불어 백인에 의한 비백인의 지배를 분석한다. 성적 계약과 인종 계약은 서로를 굴절시키며 교차한다. 페이트먼은 노예폐지 운동과 여성참정권 운동에 참여했던 백인 페미니스트들의 인종 인식을 비판적으로 성찰한다. '우리'와 '그들'을 가르는 배타적 인식이 더욱 고조되고 있는 21세기 세계에서 글로벌 성-인종 계약은 어떤 모습을 띠고 있을까.

성적 계약과 인종 계약

페이트먼의 작업은 자유민주주의가 보편적 민주주의로 더욱 확장될 수 있는지 질문하는 과정이기도 하다. ≪성적 계약≫은 사회계약이 왜 남성과 여성에게 다른 의미를 지니게 되었는지 질문한다. 페이트먼은 초기 계약이론이 주창했던 평등하고 자유로운 시민들의 계약이 형제적 계약이었으며, 고전적 가부장제를 전복한 남성들이 여성의 성에 접근할 성적 권리를 시민적 권리로 확장했다고 분석했다.

페이트먼은 원초적 계약에 성적 계약과 여성의 예속이 내포되어 있다는 주장을 일관되게 견지한다. 그렇다면 17세기 근대 가부장제를 겨냥한 페이트먼의 비판은 전 지구화와 신자유주의 확장이라는 새로운 환경, 탈현대와 탈식민주의, 포스트페미니즘에 이르는 이론적 다양성 속에서도 여전히 유효한 것인가? 페이트먼은 계약이라는 중심축을 유지하면서도 자신의 이론적 범위를 확장하려고 한다. 오늘날의 세계를 떠받치고 있는 계약의 원리로 사회계약과 성적 계약에 이어 인종 계약(racial contract)을 추가한 것이다(황정미, 2019: 161).

≪성적 계약≫ 발간 이후 거의 20년이 흐른 2007년 페이트먼은 찰스 밀스와 공동 저서를 발표하고 성 그리고 계

급과 더불어 인종 문제로 자신의 관심을 확장한다. 밀스는 페이트먼의 ≪성적 계약≫에서 영감을 얻어 '인종 계약(racial contract)'에 관한 저서를 썼다(Mills, 1997). 밀스는 젠더와 마찬가지로 인종적 종속이 정치 이론의 소수자 문제로만 주변화될 수 없으며, 백인 남성이 주류를 형성해 온 정치 이론을 비판적으로 수정해야 한다는 관심사를 페이트먼과 공유했다.

페이트먼은 계약을 새로운 정치적 지배 구조에 대한 동의로 국한하는 기존의 계약이론을 비판하고 여기에 원초적 성의 계약이라는 또 하나의 차원을 추가했다. 그런데 페이트먼은 밀스와 상호작용하면서 여기에 세 번째 차원을 더한다. 초기 계약이론의 텍스트에는 백인과 비백인을 구분하고 비백인에 대한 백인의 통치를 정당화하는 논의들이 많다. 페이트먼은 인종과 계약을 다룬 논의들을 비판적으로 재검토하면서 성과 더불어 인종의 차원에서 정치적 근대성을 재구성하는 3차원적 독해로 자신의 관심을 확장했다(Pateman, 2013: 95).

페이트먼은 고용 계약과 결혼 계약의 상호 연관성을 분석했던 것처럼 성적 계약과 인종 계약이 서로 연관된다는 점을 주목한다. "성적 계약과 인종 계약은 17세기에 근대국가(시민사회)가 만들어지기 시작한 이후 밀접하게 연결되어 왔으며, 원초적 계약의 세 차원(사회적, 성적, 인종적 차원)은 서로 영향을 주면서 강화되어 왔다."(Pateman, 2007: 135) 유럽의 근대 국가는 인종적이고 성적인 권력 구조를 강화하는 법과 정책을 추진했다. 성적 계약은 인종 계약을 통해 굴절되고, 또한 인종 계약은 성적 관계를 형성하는 기반이 되었다. 이렇게 페이트먼은 남성이 여성에 대해 행사하는 지배권 즉 가부장적 권리에 이어서 백인의 비백인에 대한 통치를 정당화는 계약이론의 다층적 구조를 분석한다.

페이트먼과 밀스는 책을 공저했지만 중요한 부분에 대해 이견이 있다는 점을 분명히 했다(Pateman & Mills, 2007). 페이트먼은 계약주의를 일관되게 비판했으며, 계약이 계약 참여자의 평등을 보장하지 않고 오히려 시민적 예속 관계를 구성한다고 경고했다. 따라서 계약을 넘어서는 새로운 정치적 모색이 필요하다고 보았다. 반면 밀스는 극단적 계약중심주의(contractarianism)와 구분되는 계약주의(contractualism)에서 긍정적 가능성을 찾는다. 밀스는 계약이 여전히 여성과 비백인 유색인종들을 민주주의와 시민권 안으로 포괄하는 보편적 틀을 제공할 수 있다고 평가했다.

인종과 여성

페이트먼은 인종 계약과 성적 계약의 상호 연관성이 매우 복합적이며 역사적 맥락에 따라 다양한 형태를 띤다고 본다. 이 문제를 페이트먼은 매우 신중하게 다루며, 성과 인종을 포괄하는 섣부른 이론화를 시도하지 않는다. 그 대신 다양한 역사적 예시(illustration)를 통해 성적 계약과 인종 계약이 어떤 상황에서 어떻게 서로 연관되는지, 그에 근거한 사회적 제도나 권력 구조는 어떻게 형성되고 변화되는지 검토하려 한다.

페이트먼은 '교차성'이라는 개념을 사용하지 않지만, 최근 페미니즘 이론이 교차성이라는 주제로 다루는 쟁점들을 자신의 관점에서 다룬다. 영미권 국가들의 역사적 사례들을 통해 자신이 오랫동안 천착해 온 '계약'의 개념 틀이 성과 인종 관계를 어떻게 재구성하고 또 그 안에서 상호 교차하고 있는지 분석한다.

또한 페이트먼은 자신이 인종주의(racism)가 아니라 인종(race)을 다루고 있음을 분명히 하며, 인종 개념이 영국과 미국에서 각기 다르게 형성되었다고 본다. 여기에서 페이트먼은 인문학적이고 철학적인 개념으로서 인종주의를 다루기보다는 인종 개념이 각 지역에서 어떤 시기에 어떤 형태로 형성되고 또 변화했는지 사례를 들어 논의한다.

18세기 영국과 미국에서 노예제는 일반적이었는데, 페이트먼은 이 노예제를 통해 인종과 성의 상호 연관성을 고찰한다. 노예제의 가장 큰 모순은 여성 노예에게서 나타난다. 여성 노예는 백인 주인의 강간에 빈번히 노출되었다. 여성 노예의 자녀들은 어머니 지위에 귀속되었으며, 아버지가 백인이라 해도 노예이자 '흑인'으로 규정되었다. 즉 "인종이 가부장제를 능가하는" 체계로 작동한 것이다. 또한 여성성과 남성성도 인종에 따라 그 의미가 달랐고, 백인과 유색인종의 섹슈얼리티는 전혀 다른 모습으로 상상되었다. 페이트먼은 여성성과 남성성이 정치적 구성물인 것과 마찬가지로 인종 또한 자연적 근거가 없는 정치적·문화적 구성물일 뿐이라고 말한다.

페이트먼은 여성운동과 인종 문제가 조우하는 몇 가지 역사적 사례들을 주목한다. 19세기 말과 20세기 초는 미국과 영국, 유럽 곳곳에서 여성의 정치적 참여가 매우 활발했다. 백인 여성들은 여성 참정권 요구와 더불어 노예제 폐지 운동에 활발히 참여했다. 그러나 백인 여성들은 흑인 여성들을 정치적으로 동등한 존재로 인식하지 못했다. 노예제 폐지 운동에 나선 여성들 대다수는 이를 기독교적 의무로 생각했다. 이들은 여성 노예의 고난, 어머니와 자녀가 뿔

뿔이 흩어지는 고통에 공감했다. 유색인종 여성들을 교육의 대상으로, 백인 어머니들의 도움이 필요한 존재로 인식하는 경향을 보였다.

카리브해 지역 출신 노예였던 '메리 프린스'의 사례는 당시 여성운동가의 시각을 잘 보여 준다. 메리는 영국인 부부의 노예였지만 이들의 도움으로 런던에 와서 교육을 받고 다양한 활동을 하게 된다. 1831년 발간된 메리의 자전적 저서는 여성 노예가 남긴 최초의 기록이었고 반노예협회에서 널리 읽혔다. 하지만 당시 반노예협회의 여성 회원들은 메리를 동료 활동가가 아니라 노예제의 희생자로 생각했고, 협회의 회원으로 받아들이지는 않았다(Pateman, 2007: 149).

19세기와 20세기 초 미국의 여성 참정권 운동에서 인종 문제는 여성운동이 분리되는 계기가 되었다. 당시 제안된 수정헌법 5조는 해방된 노예들의 참정권을 허용하되 유색인종 여성들은 여기에서 제외했다. 서프레지스트(suffragist)로 불리는 여성 참정권 운동가들 사이에서 수정헌법에 찬성할 것인지를 두고 논쟁이 벌어졌다. 미국 여성운동의 핵심 지도자였던 엘리자베스 스탠턴과 수전 앤서니(Susan Anthony)는 결국 수정헌법에 반대했지만, 이 논쟁은 이후 여성운동을 분열시키는 문제로 등장했다. 일부

백인 서프레지스트들은 아프리카 출신을 포함한 남성 이민자들의 투표권을 공격하기 시작했고, 나아가 인종 차별을 지지하는 남부 정치인들과 정치적으로 연대하기도 했다.

결혼 계약을 비판하고 여성 해방을 외쳤던 중간계급 백인 페미니스트들이 인종이라는 강을 건너지 못한 이유는 무엇일까. 페이트먼은 여기에 우생학이 크게 작용했다고 분석한다. 19세기 말 거의 모든 페미니스트는 우생학에 관심을 두고 있었다. 피임과 출산 통제 운동을 주도한 미국의 마거릿 생어(Margaret Sanger)와 영국의 마리 스토프스(Marie Stopes)는 우생학의 프레임을 수용했고, 당시 널리 퍼졌던 사회진화론의 영향 속에서 이른바 '적합하지 않은' 인간의 재생산을 제한해야 한다는 데 동조했다. "1960년대 말 여성운동이 다시 부상한 이후 이를 비판했던 미국의 비백인(유색인종) 여성들은, 여성운동이 낙태할 권리는 열정적으로 지지하면서도 비자발적 불임 시술에는 관심이 없다고 주장했다."(Pateman, 2007: 152)

글로벌 성-인종 계약

페이트먼은 근대 가부장제의 전성기가 17세기부터 1970년

대까지라고 말했다. 1970년대 이후에는 여성성과 남성성에 대한 문화적 관념들이 변화했고 결혼과 이혼, 성 평등한 기회나 적극적 조치 등에 대한 법과 제도에서 많은 변화가 일어났다. 특히 20세기 후반에는 글로벌화와 지구자본주의라는 새로운 맥락에서 페미니즘의 이론적 지평이 매우 넓어지고 페미니즘 내부의 다양한 차이들도 부각되었다.

페이트먼은 이러한 맥락의 변화에도 불구하고 여성의 종속과 인종 우월성을 지탱하는 오래된 사회경제적 제도들이 잔존하며, 그 위에 새로운 형태들이 더해진다고 말한다(Pateman, 2007: 154). 20세기 후반의 맥락에서 페이트먼은 '우리'와 '그들'을 가르는 집단의 경계, 국경에 따른 차이들을 새롭게 주목한다. 페이트먼은 계약이라는 기본 틀 위에서 '글로벌 성-인종 계약(the global sexual racial contract)' 이라는 새로운 개념을 제안하는데, 여기에서 계약은 좀 더 광범한 개념으로 사용된다.

페이트먼은 노먼 제라스(Norman Geras)의 '상호 무관심 계약'(Geras, 1998) 개념을 자신의 논의로 끌어온다. 상호 무관심 계약은 세계 각지에서 일어나는 거대한 잔혹함, 대규모 박탈과 고통에 대해 사람들이 대체로 반응하지 않는 세계를 시사한다. 계약의 주된 내용은 '나는 당신이 고통스러운 긴급 상황에 있더라도 돕지 않으며, 따라서 내가 그런 상황에 처해도 당신의 도움을 기대하지 않는다'다. 상호 지원의 사회적 규범이 결핍되고 극단적 상황에서조차 타인을 도와야 할 의무(obligation)를 느끼지 않는 세계다. 물론 빈곤국이나 저개발국가, 재난 피해자를 돕는 인도주의 단체나 국제기구는 많으며 활발하게 활동하고 있다. 페이트먼은 이런 활동을 무시하거나 저평가하지 않는다. 다만 고통에 대한 공감이나 상호 지원의 의무는 보편적이지 않다고 말한다.

이러한 세계의 배경에는 거대한 불평등의 구조가 있다. 누군가의 부는 다른 누군가의 빈곤에서 오는 것이며, 빈곤과 박탈은 사회질서의 일부다. 빈곤한 사람의 고통은 이처럼 어쩔 수 없는 것이니, 사람들의 무관심을 탓할 수 없다. 선진국, 잘사는 계층의 사람들은 오늘날 엄청나게 확장된 정보 네트워크 덕분에 전 세계에서 일어나는 재난과 고통을 언제든지 알 수 있다. 그러나 그 모든 고통에 공감하지 않아도 되는 위치에 있다. 페이트먼은 이러한 태도가 전 세계로 확산되고 있다고 고찰한다.

글로벌한 불평등 구조는 성적 계약과 인종 계약에서 추진력을 얻는다. 전 세계적 빈곤과 박탈은 유색인종과 여성에 의해 과잉 대표되고 있다. 페이트먼은 여성의 국제 이주를 예시로 든다. 글로벌 남부 출신의 여성들은 글로벌 북부로 이주해 가사 노동자로 일하며, 그들이 고향으로 보낸 송금으로 아이를 키우고 가정의 생계를 유지한다. 아내의 전통적 역할이었던 가사와 돌봄 서비스가 빈곤국에서 부유한 나라로 옮겨지는 글로벌 이전이 나타나고 있다.

국경을 넘나드는 섹스 산업과 성폭력 또한 글로벌 성-인종 계약을 잘 보여 주는 예시다. 한 예로, 전시에 자행되는 강간은 전쟁에 동반되는 불가피한 현상으로 간주되었고 오랫동안 범죄로 여겨지지 않았다. 페이트먼은 이 문제가 국제적 관심사로 크게 부각된 것은 1990년대 유럽에서 보스니아 내전이 일어났을 때, 즉 백인 여성들이 전시 강간의 피해자가 되었을 때라고 지적한다. 1994년 르완다의 제노사이드, 콩고·체첸·팔레스타인에서 일어난 전시 강간은 당시 그만한 관심사가 되지 못했다.

고통에 대한 관심 혹은 상호 무관심은 글로벌 성-인종 계약에 의해 굴절된다. 지구상에서 일어나는 수많은 고통과 빈곤 중에서 무엇이 관심의 대상이 되고 무엇이 무관심 속에 방치되는지는 성적 계약과 인종 계약에 따라 갈래가 타진다. 성적 계약의 오래된 틀 속에서 결혼이나 교제 관계에 있는 여성에게 자행되는 남성의 폭력과 살해 문제에 대해서는 비상 상황, "테러와의 전쟁"이 선포되지 않는다. '우리' 남성에 의해 '우리' 여성에게 자행되는 폭력은 여전히 심각하지만 여론의 관심은 높지 않다. 오히려 이슬람 국가나 이슬람 이민자 집단의 문화, 히잡과 여성 의복, 이슬람 여성의 권리 침해는 큰 문제로 다루어진다. 하지만 여기에서도 여성에 대한 관심보다는 백인 주류 문화를 수호하려는 의도, 그리고 이슬람 국가에 대한 공격이나 폭력을 정당화하려는 명분이 더 크게 작용한다.

페이트먼은 상호 무관심 계약이라는 개념을 통해 성적 계약과 인종 계약의 상호 관계, 여성운동 내부의 차이와 다양한 관점 그리고 여성운동이 인종 문제를 주변화하거나 굴절해 온 역사적 경험들을 성찰한다. 이처럼 위계화된 무관심의 질서에도 불구하고 여성성과 남성성 그리고 인종이 정치적으로 구성되는 것이라면, 사회적 변화에 따라 그 내용도 급진적으로 달라질 가능성은 언제나 있다. 하지만 페이트먼은 이 두 가지, 즉 성과 인종의 의미가 사회·정치적 제도, 국가 정체성이나 국제 관계, 개인의 정체성에 깊이 배태되어 있다고 본다. 따라서 페이트먼은 글로벌 성-인종 계약의 미래를 이해하려면 그에 앞서 형성된 성적 계약과 인종 계약의 역사에 대한 관심이 필요하며, 그것이 떠받쳐 온 사회적·정치적 제도에서 변화가 일어나야 한다고 주장한다.

참고문헌

황정미(2019). "캐롤 페이트먼: 계약의 신화에 맞서는 페미니즘의 '빅 픽처(big-picture)". ≪여/성이론≫, 40, 153-171쪽.

Geras, N.(1998). *The Contract of Mutual Indifference: Political Philosophy after the Holocaust.* Verso.

Mills. C.(1997). *The Racial Contract.* Cornell University Press.

Pateman, C.(2007). Race, Sex, and Indifference. Pateman, C. & Mills, C.(2007). *Contract and Domination.* Polity Press.

Pateman, C.(2013). Questions, Evidence and Political Theory(The 2012 Johan Skytte Prize Lecture). *Scandinavian Political Studies, 36*(1), pp. 91-98.

Pateman, C. & Mills, C.(2007). *Contract and Domination.* Polity Press.

09
기본소득

기본소득은 주로 빈곤 완화, 복지 개혁의 방안 차원에서 논의된다. 하지만 페이트먼은 더 많은 민주주의를 위한 기본소득의 잠재력을 이야기한다. 민주주의의 핵심은 자유이며, 자유의 핵심은 개인의 자기 통치와 자율성이다. 기본소득은 시민이 안전하지 않은 해로운 관계에서 벗어날 수 있게 해 주며, 고용되지 않고 살아갈 자유를 열어 준다. 기본소득이 만능의 해결책은 아니다. 그러나 페이트먼은 고용과 결혼의 연결 고리에서 벗어나 여성의 자유를 실현할 수 있는 기본소득의 가능성을 주목한다.

민주적 권리

모든 시민에게 일정 수준의 소득을 무조건적으로 지급하고, 시민들이 여기에 다른 소득을 더해 총소득을 늘리게 한다는 아이디어는 오늘날 기본소득(basic income)이라고 불리는 방안의 핵심이다(판 파레이스, 2010: 21). 이는 언뜻 명료하고 단순해 보인다. 그러나 기본소득 도입을 주장하는 정치적 스펙트럼은 평등을 주장하는 좌파 정당에서 자유의 확대를 원하는 우파적 기업인에 이르기까지 매우 광범하다. 그 명칭도 '국가 보너스', '데모그란트', '시민 급여', '보편 수당', '사회적 지분' 등 다양하게 제안되었다.

페이트먼은 자신이 두 가지 이유로 기본소득에 관심을 두게 되었다고 말한다. 첫째, 기본소득이 민주화를 더 진전시킬 수 있고, 더욱 민주적인 사회를 만들어 개인의 자유와 시민권이 모두에게 동등한 가치를 갖도록 하는 데 기여하기 때문이다. 둘째, 기본소득은 여성의 자유를 더 확장할 잠재력을 지니고 있다(Pateman, 2004: 90).

기본소득과 유사한 여러 정책 방안 중 페이트먼이 지지하는 것은 "정부가 각 개인에게 조건 없이 성인기 평생 동안 일정한 액수를 지급하는" 것이다. 이 외에도 특정한 시기, 예를 들면 태어날 때 혹은 성인이 될 때 상당한 액수를 일회성으로 지급해 모든 시민에게 '같은 출발선'을 보장해 주는 방안들도 논의되어 왔다. 예일대학교 교수인 브루스 애커먼(Bruce Ackerman)과 앤 알스톳(Anne Alstott)은 모든 시민이 21세가 될 때 정부에서 8만 달러를 지급하는 '사회적 지분'을 제안했다(애커먼·알스톳, 2010: 82).

페이트먼은 평생 일정액을 매월 지급하는 기본수당이나 일회성으로 상당히 큰 금액으로 지급하는 사회적 지분 양자 모두가 개인의 자유를 확장한다는 점에 동의한다. 물론 기본수당에는 천문학적 예산이 소요되어 실현 불가능하다는 반론, 목돈으로 지급된 사회적 지분을 잘못된 판단으로 일시에 날려 버릴 위험이 크다는 비판도 많다. 그런데 기본소득의 실현가능성, 빈곤 완화, 기회평등 확대, 사회정의의 문제, 노동 시장에 미칠 영향 등에 대한 논쟁이 확장되는 동안 민주주의의 미래에 기본소득이 어떤 의미를 띠는지는 제대로 이야기되지 않았다고 페이트먼은 지적한다.

페이트먼이 생각하는 민주주의의 핵심은 개인의 자유 확장이다. 자유라는 말처럼 다의적으로 쓰이는 개념도 없을 것이다. 페이트먼은 기존의 자유주의 틀에서 협소하게 정의되는 자유, 원자화된 개인의 선택 또는 기회의 확대와 같은 사적 자유 개념의 의미가 매우 한정적이라고 본다.

페이트먼이 강조하는 자유의 핵심은 개인의 자기 통치(self-government) 또는 자율성(automony), 즉 정치적 자유에 있다. 페이트먼의 관심은 기본소득이 자기-지배로서의 자유를 확장하는 데 기여할 수 있는지에 맞추어져 있다.

기본소득은 모든 시민에게 조건 없이 보장되는 권리라는 점에서 보편적 투표권에 비유될 수 있다. 그런데 페이트먼은 여기에서 마셜의 논의처럼 시민권을 세 가지 차원, 즉 공민권·정치권·사회권으로 구분하는 것이 과연 유익한지 질문한다. 시민권의 세부적 차원을 각각 분리하기보다는 이를 하나로 묶어 보편적 권리를 강조하는 것이 더 중요하다고 보기 때문이다. 세부적으로 분해된 권리 요소 중 무엇이 더 중요한지 분별하는 것은 큰 의미가 없다. 또한 페이트먼은 마셜이 삶의 기준을 고용과 연계해 설명할 때 결국 남성의 고용을 기준으로 삼았다고 비판한다(Pateman, 2004: 92). 페이트먼의 이러한 입장은 기본소득과 여성의 자유에 대한 논의에서 더 상세히 부연된다.

개인이 투표권(정치권)을 행사하고 자기 통치로서의 자유권(공민권)을 실질적으로 누리려면, 스스로 생계를 유지하고 독립적인 삶을 보장받는 경제적 권리(사회권)가 반드시 필요하다. 페이트먼은 시민권의 다양한 차원을 분석적으로 구분하기보다는 이를 한데 묶어서 민주적 권리

(a democratic right)라고 표현했다. 마이클 굿하트(Michael Goodhart)는 페이트먼의 문제의식을 더 발전시켜 "인권으로서의 민주주의(democracy as human rights)"라는 개념을 제시하기도 했다(Goodhart, 2008).

페이트먼은 권리에 어떤 조건이 붙는다면, 즉 누군가가 피부색이 다르기 때문에, 여성이기 때문에, 재산이 부족하기 때문에 등의 이유로 제외된다면, 그것은 더 이상 권리가 아니라 특권일 뿐이라고 일관되게 주장해 왔다. 즉 기본소득은 누구에게나 지급되는 보편적 급여이자 정치적 생득권이어야 한다.

고용되지 않을 자유

페이트먼은 기본소득이 민주주의 확대에 유의미한 것이 되려면 매월 일정액이 지급되는 형식이 더 적합하며, 단지 빈곤 해소의 차원이 아니라 '보통이지만 괜찮은(modest but decent)' 삶을 유지할 만한 수준이어야 한다고 주장한다. 기본소득을 주장한 학자들, 가령 필리프 판 파레이스(Philippe Van Parijs)는 기본소득이 빈곤과 실업이라는 사회적 도전에 대응하는 방안이라고 말했다(판 파레이스,

2010). 일부 학자들은 기존 최저소득 보장제도(기초생활보장제도)의 문턱을 낮추는 방안, 즉 자산 조사나 근로 의무 부과 없이 급여를 받을 수 있도록 복지 프로그램을 개선하는 차원에서 기본소득을 주장하기도 한다. 하지만 이렇게 한정된 논의들은 기본소득의 더 큰 정치적 의미, 즉 민주주의 확장에 대한 정치적 상상력을 간과하게 한다.

페이트먼은 기본소득이 민주화에서 중요한 두 가지 결과를 가져올 수 있다고 말한다. 첫째, 기본소득은 개인의 자기 통치를 침해하는 관계, 안전하거나 건강하지 못한 관계, 해로운 조건이 있는 관계를 거부하고 그로부터 떠날 수 있게 해 준다. 자기 통치로서의 자유가 확장되면 시민들이 스스로 정치적 역량을 발전시킬 기회를 더 많이 누릴 수 있고, 집합적 의미의 자치에 참여하는 정치적 자유가 확장될 것이다. 둘째, 사회적 지분과 달리 기본소득은 시민에게 '고용되지 않을 자유'를 줄 것이다(Pateman, 2004: 96).

고용되지 않을 자유는 최근 공공 정책과 정치 담론의 방향, 예컨대 고용을 통한 성장 잠재력 확대, 일하지 않고 복지의 과실을 따먹는 무임승차와 도덕적 해이에 대한 우려와는 반대되는 권리다. 페이트먼은 최근의 정치 지형에서는 기본소득보다 사회적 지분이 더 선호될 것이라는 점을 잘 알고 있다. 그 기저에는 시민권을 고용과 연결하는 오래된 논리가 자리 잡고 있다. 유급 노동을 하는 사람은 독립된 시민으로서 복지권을 제공받지만, 유급 노동에 종사하지 않는 사람은 (무급 돌봄과 같은 다른 일을 하고 있음에도) 의존적 피부양자로 구분되는 이중적 복지 체계의 역사는 오래된 것이다(황정미, 2001). 여기에서 페이트먼은 고용과 시민권 간의 오랜 연결 고리가 다시 강화되는 것이 바람직한지 반문한다.

페이트먼은 고용 제도가 민주적 자유와 시민권을 두 가지 방식으로 가로막는다고 지적한다. 첫째, 임금 노동자를 고용하는 기업에는 비민주적 구조가 존재한다. 둘째, 고용은 시민권 그리고 결혼 제도와 긴밀하게 연결되어 있으며, 이 관계 속에서 여성과 아내의 시민으로서의 위치는 항상 문제적인 것, 열등한 것으로 남아 있다(Pateman, 2004: 97-98).

기본소득과 여성의 자유

무임승차와 도덕적 해이는 기본소득 논쟁에서 늘 부각되는 쟁점이다. 그런데 페이트먼은 이들 쟁점이 유급 노동에 종사하거나 혹은 이를 회피하는 남성과 관련되어 있다고 지적한다. 기본소득이 노동 유인을 약화할 것이라고 비판할 때, 유급 노동자는 남성이라고 전제된다.

페이트먼은 기본소득 논쟁에서 가구(household)의 문제가 제대로 다루어지지 못한다고 비판한다. 과연 누가 무임승차자인가? 만약 유급 노동자인 남성이 기본소득을 받고 그 소득을 유급 노동을 하지 않는 아내와 나누어 쓴다면, 전업주부 여성이 무임승차자인가? 이런 시각은 남성 노동자의 관점을 반영한다. 여러 페미니즘 연구에서 드러났듯, 여성들이 가정에서 수행하는 돌봄 노동은 무급 노동이라 할지라도 일상생활과 사회 재생산에 반드시 필요하다.

페이트먼은 오히려 가구 내에서 남성들의 대규모 무임승차가 존재한다고 분석한다. 오늘날 기혼 여성들 또한 대부분 유급 노동에 종사하지만, 남성들은 가사 노동이나 돌봄 노동을 동등하게 분담하지 않는다. 고용과 결혼 제도의 상호 연결 관계 속에서 여성들의 일자리는 불안정한 저임금 노동에 집중되며, 퇴근 후에도 가사와 돌봄을 도맡아 하는 이중 부담을 안는다. 페이트먼은 고용 계약과 결혼 계약이 현대 자본주의의 기저에 있는 중요한 두 가지 계약이며, 서로 긴밀하게 연결되어 서로를 강화한다고 일관되게 주장해 왔다. 결혼과 고용의 제도적 연계야말로 가구 안에서 남성의 무임승차가 대량으로 발생하는 이유다.

고용과 결혼의 오랜 상호 관계가 바뀌면 여성의 자유를 확장하는 새로운 가능성이 열릴 것이다. 1792년 이미 울스턴크래프트는 ≪여권의 옹호(A Vindication of the Rights of Woman)≫에서 여성의 시민권이 완전히 성립하려면 기혼이건 독신이건 경제적 독립이 필요하다고 주장했다. 기본소득은 여성에게 평생의 경제적 독립을 제공할 수 있는 최초의 체계처럼 보인다. 그런데 기본소득에 대한 페미니스트의 논쟁은 더 복잡한 쟁점들을 안고 있다. 페이트먼의 분석에서 두 가지 쟁점을 눈여겨볼 수 있다.

첫째, 일부 페미니스트들은 기본소득이 성별 분업을 강화하고 여성의 열등한 시민 지위를 고착화할 것이라고 비판했다. 기본소득은 여성들이 노동 시장에서 물러나 가정 내 역할에 머무르도록 하는 유인이 될 수 있다는 우려 때문이다. 페이트먼은 기본소득이 최저 생계 이하 수준에 머문다면 그러한 일이 일어날 가능성이 높다고 본다. 소극적인 빈곤 완화 수준의 기본소득은 남성들의 고용 유인을 높이는 반면 여성들은 가정에서 무급 돌봄 노동을 담당하게 하는 분업으로 이어질 수 있다. 페이트먼은 이런 결과를 방지하려면 빈곤 완화보다는 민주화에 초점을 맞춘 논의, "보통이지만 괜찮은" 삶의 수준을 유지하는 데 충분한 기본소득이 여성의 자유를 확대할 잠재력에 대해 더 많은 적극적 논의가 필요하다고 말한다(Pateman, 2004: 100-101).

두 번째 쟁점은 기본소득을 가구 단위로 지급할지, 개인 단위로 지급할지다. 가구를 기준으로 한다면 성별 노동 분업의 현실 즉 일반적으로 여성이 남성보다 소득이 적다는 문제, 그리고 가구 내 자산과 부의 배분에서의 성별 격차 등이 제대로 고려될 수 없다. 따라서 페이트먼은 페미니즘과 민주화에 중요한 기본소득은 가구가 아니라 시민으로서의 개인에게 지급되어야 한다고 결론짓는다.

페이트먼은 사회 정책의 뜨거운 감자로 등장한 기본소득을 자신만의 관점에서, 즉 민주주의와 여성의 자유를 확대할 잠재력의 차원에서 논의한다. 페이트먼은 여성이 고용 계약과 결혼 계약이 결합된 제도적 관계에서 벗어나 독립적 삶을 살아갈 새로운 가능성, 안전하지 못하거나 해로운 관계에서 좀 더 쉽게 벗어날 수 있는 가능성을 기본소득에서 찾는다. 이와 더불어 페이트먼은 기본소득이 만능의 해결책이 아니라는 점도 함께 지적한다. 기본소득이 적절한 주거, 질 좋은 교육, 건강 관리, 인종 차별의 종식, 폭력 없는 안전한 이웃 환경 등을 모두 제공할 수는 없다. 다만 페이트먼은 여성의 자유가 남성만큼 존중받을 수 있는 방안으로 조건 없는 기본소득만 한 것을 찾기는 어렵다고 덧붙인다(Pateman, 2004: 103).

참고문헌

브루스 애커먼·앤 알스톳(2010). "왜 사회적 지분인가?". 브루스 애커먼 외 지음, 너른복지연구모임 옮김(2010). ≪분배의 재구성: 기본소득과 사회적 지분 급여≫, 79-110쪽. 나눔의집.

필리프 판 파레이스(2010). "기본소득: 21세기를 위한 명료하고 강력한 아이디어". 브루스 애커먼 외 지음, 너른복지연구모임 옮김(2010). ≪분배의 재구성: 기본소득과 사회적 지분 급여≫, 21-77쪽. 나눔의집.

황정미(2001). 여성정책과 젠더 정치 : 복지국가 및 후발국가의 사례를 중심으로. ≪페미니즘 연구≫, 창간호, 75-113쪽.

Goodhart, M.(2008). A democratic Defense of Universal Basic Income. O'Neill, D. I., Shanley, M. L., & Young, I. M.(eds.). *Illusion of Consent : Engaging with Carole Pateman*, pp. 139-162. Pennsylvania State University Press.

Pateman, C.(2004). Democratizing Citizenship: Some Advantages of a Basic Income. *Politics & Society, 32*(1), pp. 89-105. 브루스 애커먼 외 지음, 너른복지연구모임 옮김(2010). 시민권의 민주화: 기본소득의 장점. ≪분배의 재구성: 기본소득과 사회적 지분 급여≫, 153-179쪽. 나눔의집.

10
페미니즘과 민주주의

누구나 민주주의를 원한다고 말한다. 그러나 오늘날 민주주의는 위기에 처해 있다. 민주주의를 잠식하는 모순과 한계는 페미니즘 없이는 제대로 이해할 수 없다. 페미니즘이야말로 민주주의에 대한 가장 중요한 도전이자 가장 포괄적인 비판이기 때문이다. 또한 페이트먼은 여성이 시민으로 편입되는 과정에서 일어난 역설과 모순을 페미니스트들이 완전히 이해하지 못했다고 비판한다. 계약에 기초한 사회에서 여성은 과연 시민의 자유를 누리고 있는지, 페이트먼은 다시금 묻는다.

민주주의에 대한 도전

페미니즘과 민주주의의 관계는 페이트먼이 일관되게 다루어 온 주제다(Pateman, 1989). 민주주의는 역사적으로 매우 다양한 형태로 나타났으며, 무엇이 민주주의인지에 대한 의견도 단일하지 않다. 페미니스트의 입장에서 본다면 민주주의는 결코 제대로 충분히 실현된 적이 없다. 페미니즘은 여성이 남성과 동등한 시민권, 실질적 평등을 누리지 못하는 현실을 민주주의의 한계로 진단한다.

반면 고대 그리스에서 21세기에 이르는 민주주의의 장대한 역사를 다루는 주류 이론가들의 입장에서 민주주의란 페미니즘이나 젠더 관계와 무관한 것으로 가정된다. 이들은 여성들이 근대 민주주의의 시민으로 편입되면서 상당한 수혜를 입었을 뿐, 민주주의 확립에 기여한 것은 없다고 생각할 것이다.

그렇다면 페미니즘과 민주주의는 어떤 접점에서 만날 수 있을까? 페이트먼은 페미니즘이야말로 민주주의(자유민주주의에서 참여민주주의까지 다양한 형태의 민주주의)에 대한 "가장 중요한 도전이자 가장 포괄적인 비판"이라는 점을 보여 주려 한다(Pateman, 1989: 210). 페이트먼은 페미니즘 없이 민주주의를 이야기할 수 없다는 큰 틀의 문제 제기에서 논의를 시작한다. 이는 민주주의라는 큰 우산 아래 여성이 작은 하나의 주제로 편입될 수 있다는 사고와 근본적으로 다르다.

페미니즘과 자유주의 그리고 민주주의는 같은 기원에서 비롯했다. '본래적으로 자유롭고 평등하게 태어난 개인'이라는 생각이 사회 전반에 확산되어 조직의 기본 원리가 되기 시작할 때 근대적인 자유주의와 민주주의 그리고 페미니즘이 출현했다. 자유주의적 개인주의는 여성이 자유로운 개인으로서 남성과 동등한 지위를 가질 수 있다고 역사상 최초로 약속했다. 올랭프 드 구즈(Olympe de Gouges), 메리 울스턴크래프트는 자유롭고 평등한 시민으로서의 권리를 여성에게도 보장하라고 요구했던 18세기 자유주의 페미니스트들이다.

하지만 자유주의의 약속은 여성에게 동등하게 실현되지 못했다. 이를 분석하는 페이트먼의 논의를 두 가지 방향으로 정리해 볼 수 있다. 첫째, 자유주의는 여성이 남성과 동등한 인간임을 주장하면서도 여성과 남성의 '자연적 차이'에 대한 오래된 생각을 그대로 받아들였다. 또한 이러한 입장이 모순된다는 점을 문제로 인식하지 못했다.

여성과 남성의 자연적 차이에 대한 믿음은 곧 여성 시민을 남성 시민과 구별하는 근거가 되었다. 남성은 공적 시민사회에서 활동하고, 여성은 시민이되 사적 가정에 소속된 존재로서 양육과 돌봄을 담당하는 상황을 정당화했다. 페이트먼은 여성의 자연적 차이에 대한 신념은 신화나 고대 문헌으로까지 거슬러 올라가며, 오늘날 과학의 옷을 입고 사회생물학에서도 여전히 나타난다고 지적한다.

하지만 여성을 남성과 구분하는 '자연적 차이'는 인간 조건과 인류의 존속에 영원하고 본질적인 부분, 즉 '무시간적인 것'이 아니며 시대에 따라 특정한 형태로 정식화되어 나타난다(Pateman, 1989: 212-213). 페이트먼은 남성과 구분되는 여성의 이른바 자연적 차이를 근거로 특정한 정치 질서를 정당화하거나 대안적 정치 체계를 내세우는 모든 주장에 반대한다.

둘째, 자유주의적 개인주의에 바탕을 둔 민주주의에는 정치적 평등과 사회적 종속이 공존하는 모순이 존재한다. 누구나 한 표를 행사하는 형식적인 정치적 평등이 실현된 이후에도 실제로 사회적 불평등과 격차가 더 확대되는 사회를 우리는 지금도 목도하고 있다. 형식적 평등과 실질적 불평등 간의 모순은 역사적으로 여성들의 경험에서 가장 뚜렷하게 드러난다. 현대의 자유주의자들은 정치적으로 평등한 사회에서 사회적인 불평등과 위계관계가 존재하는 것을 당연하게 생각한다. 자유주의 원리가 여성에게 확장되면서 나타난 문제점들이 민주주의 이론에서 제대로 다루어지지 않은 채 회피되어 온 것이다.

페이트먼은 또한 자본주의 발전이 성적 분업을 강화해 왔다고 지적한다. 특히 19세기 중반 이후 자본주의가 본격화하면서 형성된 중간계급의 생활양식에서 생계부양자 남성과 의존적인 피부양자 여성으로 구성되는 현대적 가정의 모델이 등장했다. 남편이 사회경제적 발전을 주도하고 아내가 이를 보조하는 현대적 가족 관계는 이른바 '정상가족'으로 정립되었으며, 이러한 가족 내의 성별 위계는 민주주의나 정치와는 무관한 문제로 여겨졌다.

페이트먼은 민주주의 개념과 그 사회적 조건에 대한 논의들이 이제 결혼, 가족, 성, 일상생활에 대한 페미니스트의 비판을 더 이상 회피할 수 없다고 말한다. 민주주의 이론가들은 여성의 유급 고용에 대한 페미니스트 연구들을 주목하고 일터에서의 여성 차별과 가부장적 지배 구조, 여성의 이중 부담 그리고 더 많은 새로운 쟁점들을 정치의 핵심 문제로 받아들여야 한다.

> 민주주의 이론과 실천이 동시에 페미니즘적인 것이 아니라면 그것은 기존의 지배 형태를 지속하는 데 기여하는 것이며, 민주주의가 체현해야 할 이상과 가치에 대한 조롱일 뿐

이다.(Pateman, 1989: 223)

페미니즘의 모색: 예속과 자유

페이트먼은 대다수 민주주의 연구자들이 페미니즘의 문제 제기가 민주주의 그 자체에 어떤 도전을 의미하는지 제대로 이해하지 못했다고 비판해 왔다. 이와 더불어 근대 민주주의가 제도화하는 과정에서 여성에게 일어난 변화와 그 의미를 페미니스트들이 적절하게 이해하고 그에 대응했는지에 대해서도 비판을 제기한다. "페미니스트들은 여성들이 시민사회에 편입되는 과정에서 일어난 역설과 모순을 언제나 완전하게 이해해 온 것은 아니다."(Pateman, 1988/2001: 308)

앞서 말했듯 자유주의와 근대 민주주의 그리고 페미니즘은 공통된 기원에서 비롯된 면이 많다. 초기의 자유주의 페미니스트들은 여성들이 계약을 통해 해방을 쟁취할 수 있다고 생각했다. 여성이 사회계약에 참여하는 시민이 된다면 남성과 동등한 이성적이고 독립적인 개인이 될 수 있다고 기대했다.

페이트먼은 근대 민주주의의 탄생 신화라고도 할 수 있

는 '계약'의 이야기를 치밀하게 분석했다. 계약이론에서 '개인'은 남성의 몸으로 구성되며 그 정체성은 항상 남성의 것이다. "개인은 남성의 형상을 하고 있다. 여성이 개인이 된다면, 여성의 독특한 차이가 반영된 개인이 아니라 단지 남성적 개인의 변형일 뿐이다."(Pateman, 1988/2001: 309)

민주주의가 확장된 오늘날 여성은 시민으로서의 형식적 지위를 획득했으며 계약의 당사자가 될 수 있다. 하지만 시민은 성별이 없는 '중립적 개인'이 결코 아니라고 페이트먼은 말한다. 시민사회가 성립되는 계약 자체가 형제들의 계약이며, 여성의 성에 접근할 권리는 남성 시민권의 감추어진 기원이다. "시민적 자유는 여성에 접근하는, 더욱 넓게 설명하자면 젠더로서가 아니라 섹스로서 여성을 지배하는 권한을 포함한다."(Pateman, 1988/2001: 311)

따라서 몸, 성 그리고 성차는 시민적 예속의 문제와 분리될 수 없다. 이미 여러 페미니스트들이 여성의 종속을 몸과 성의 문제로 인식해 왔으며, 이에 대한 다양한 입장을 내놓았다. 어떤 페미니스트들은 여성이 남성과 동등한 인간이자 합리적 "개인"이라고 강조하며, 여성을 자연·생물학·성과 결부하는 가부장적 인식에 대항하려 했다(Pateman, 1988/2001: 312-313). 여성이 자연과 연결되는 고리들을 끊어 내고 임신과 출산의 생물학적 역할을 더 이상 하지 않는 것이 여성 해방의 길이라는 주장도 있었다. 반면 임신하고 출산하는 몸, 양육과 관련된 성차를 여성의 정체성 또는 여성다움의 본질로 삼자는 주장도 있었다.

페이트먼은 몸과 성을 다루지 않고는 민주주의를 이야기할 수 없다고 말하지만, 또한 몸과 성을 본질적인 무엇으로 고정하는 데에도 반대한다. 페이트먼은 인간의 자연적 몸에서 직접적으로 읽어 낼 수 있는 정치적 관계는 아무것도 없다고 말한다. 페이트먼이 계약이론 비판에서 강조하듯 이른바 자연 상태라는 것은 이론가들이 고안해 낸 것, 정치적 구성물에 불과하다. 따라서 성차가 정치적으로 유의미한지 묻는 질문은 잘못된 것이다. 성차가 정치적으로 어떻게 표출되는지 질문해야 한다(Pateman, 1988/2001: 313).

페이트먼은 결혼법 개혁이 일어나고 여성의 지위 개선이나 평등 기회를 위한 제도가 도입된 이후에도 자신이 분석했던 원초적 성의 계약이라는 문제가 여전히 남아 있다고 본다. 사실 페이트먼의 이론에서 가장 '급진적'인 부분은 시민사회를 성립시키는 "계약에는 다양한 모습을 띠는 노예제의 모순이 따라다닌다"는 주장이라고 볼 수 있다(Pateman, 1988/2001: 317). 법과 제도에서는 여성이 남성과 거의 동등해졌다고 할 수 있지만, 여성들은 페이트먼이

'시민적 노예'라고 부르는 지위 즉 시민이지만 동시에 시민이 아닌 모순적 지위에서 벗어나지 못하고 있다.

고등교육을 받은 많은 여성들이 직업을 갖고 독립적 생활을 추구하는 현대 자본주의 사회에서도 여전히 형제적 계약, 그것이 은폐하는 성적 계약이 작동하고 있는 것일까. 여성들은 직업과 경제 활동에서 계약에 참여하며 이전보다 더 많은 기회의 평등을 누린다. 그러나 집 밖에서 일하는 여성들은 작업장에서의 성희롱이라는 새로운 문제에 직면하며, 작업장에서의 가부장적 성별 분업은 여전히 없어지지 않았다.

계약이론과 시민사회는 여성도 시민이 되었다고 말하지만, 계약을 통해 탄생한 시민적 자유는 가부장적 권리와 상호 의존적이며 그것 없이는 성립될 수 없다. "시민적 예속을 자유라고 부르는 것은 시민적 자유와 가부장적 권리의 상호 의존성을 감추는 뛰어난 정치적 고안물이다."(Pateman, 1988/2001: 319)

이러한 통찰을 바탕으로 페이트먼은 큰 질문을 던진다. 자유와 예속을 어떻게 구분할 수 있는가? 근대 시민사회는 개인의 자유를 제한 없이 보장하지만, 그렇기 때문에 역설적으로 사회는 지배와 복종을 통해 유지되었다. 여기에서 계약주의, 계약 그 자체를 비판했던 페이트먼의 주장을 다시 상기할 필요가 있다. 계약에 기초한 사회는 결국 계약에 의해 지배받고 복종하는 관계들로 유지된다. 고용계약서를 쓰고 취업한 노동자들은 자유로워 보이지만 결코 자유롭지 않은데, 생계를 위해서는 고용주의 지시에 따라 자신의 노동력과 서비스를 제공해야 하며 때로는 갑질도 감수해야 한다. 모든 관계가 계약의 형태로 이루어지는 사회에서는 자유라는 이름의 예속이 지속될 수 있다.

상황이 이렇다면 결혼이 계약이라고 생각하는 여성들은 결혼 관계에서 자유를 누리고 있는 것일까? 고용 계약에 의해 취업한 여성들은 일터에서 시민으로서의 자율성을 보장받을 수 있을까? 자원을 배분하고 복지를 제공하는 정책과 제도들은 과연 여성 시민의 자유를 어떻게 확대하고 보장할 수 있을까? 근대 가부장제가 계약에 의한 지배로 지속된다면, 페미니스트는 여성의 예속과 자유가 서로 얽히며 중첩되는 현실에 대해 더 깊고 진지한 질문을 던져야 한다. 페이트먼이 일관되게 탐구해 온 성적 계약, 은폐된 원초적 계약 개념은 페미니스트의 도전과 질문에 중요한 통찰력을 제공해 줄 것이다.

근대 계약론적 가부장제는 여성의 자유를 부정하는 동시에 그것을 전제한다. 그러한 전제 없이 근대 계약론적 가부장제는 작동할 수 없다. 성적 계약에 대한 논의는 이 문제에 의미 있는 통찰력을 제공한다.(Pateman, 1988/2001: 319)

참고문헌

Pateman, C.(1988). *The Sexual Contract*. Polity Press.
이충근·유영근 옮김(2001). ≪남과 여, 은폐된 성적 계약≫. 이후.

Pateman, C.(1989). Feminism and Democracy. *The Disorder of Women*, pp. 210–225. Stanford University Press.

캐럴 페이트먼(Carole Pateman, 1940~)

페미니스트 정치 이론을 대표하는 학자다. 옥스퍼드대학교 대학원에서 정치학을 전공하고 미국·호주·유럽 각국의 대학에서 활동했으며, 캘리포니아대학교 로스앤젤레스캠퍼스(UCLA)에서 정치학 교수를 지냈다. 민주주의 이론을 천착하면서 근대 계약이론을 재해석한 ≪성적 계약≫으로 국제적 명성을 얻었다. 이 책을 통해 근대 민주주의의 탄생 신화라 할 수 있는 사회계약에 성에 대한 계약이 은폐되어 있으며, '부친 살해' 후 여성에게 성적으로 접근할 남성의 권리가 시민권의 기원이 되었음을 밝혀냈다. 여성과 시민권, '울스턴크래프트의 딜레마', 강간과 동의에 관한 논문을 저술했고, 2006년 이후에는 인종 계약과 백인우월주의, 기본소득 등 새로운 주제로 관심을 확장했다. 이들 저술을 통해 민주주의에 대한 가장 심대하고 포괄적인 도전으로서 페미니즘의 이론적 지평을 확대하는 데 기여했다.

황정미

서울대학교 여성연구소 객원연구원. 연세대학교 사회학과를 졸업하고 서울대학교 대학원에서 사회학 석사 학위와 박사 학위를 받았다. 페이트먼의 이론을 소개하고 페미니즘에서의 함의와 쟁점을 다루는 논문 "캐롤 페이트만: 계약의 신화에 맞서는 페미니즘의 '빅 픽처(big-picture)'"(2019), "캐롤 페이트만과 탈가부장제의 정치적 상상력"(2002)을 발표했다. 여성의 시민권에 초점을 두고 이주와 정책, 정체성에 관한 연구들을 발표했다. 공저로는 ≪경계를 넘는 한인들: 이주, 젠더, 세대와 귀속의 정치≫(2021), 주요 논문으로는 "육아 휴직 이후 무슨 일이 있었을까?"(공저, 2021), "젠더 관점에서 본 민주화 이후의 민주주의"(2017), "결혼이주여성의 가정폭력 피해에 대한 재고찰"(2016) 등이 있다.